世界汉语教学学会审订

日本人学汉语常见语法错误释疑

杨德峰 著

商务印书馆
2011年·北京

图书在版编目(CIP)数据

日本人学汉语常见语法错误释疑/杨德峰著.—北京:商务印书馆,2008
ISBN 978-7-100-05852-0

Ⅰ.日… Ⅱ.杨… Ⅲ.汉语－语法－对外汉语教学－教学资料 Ⅳ.H195.4

中国版本图书馆 CIP 数据核字(2008)第 076563 号

所有权利保留。
未经许可,不得以任何方式使用。

RÌBĚNRÉN XUÉ HÀNYǓ CHÁNGJIÀN YǓFǍ CUÒWÙ SHÌYÍ
日本人学汉语常见语法错误释疑
杨德峰 著

商 务 印 书 馆 出 版
(北京王府井大街36号 邮政编码 100710)
商 务 印 书 馆 发 行
北京民族印务有限责任公司印刷
ISBN 978-7-100-05852-0

2008 年 11 月第 1 版　　开本 880×1230 1/32
2011 年 9 月北京第 2 次印刷　　印张 8½

定价:18.00 元

序

德峰带着他的新作《日本人学汉语常见语法错误释疑》一书的稿子来访,嘱我写序。我虽然限于条件,荒疏偏误研究有年,但兴趣未减,仍在留心这个领域的进展。德峰的新作自然是偏误研究的一项新的成果,他给我先睹为快的机会,我当然很感激,于是便应承下来。

专门研究日本人学汉语的偏误的著作不多,在德峰这本书之前,我见过的,早一些的有狄昌运的《怎样说得对?》,晚近一些的有吴丽君等的《日本学生汉语习得偏误研究》。但德峰的书,作为一本以研究学汉语的日本学生的汉语语法错误为主的书,自有其特点。

特点之一,写得深入浅出,通俗易懂,具有中等汉语水平的学生基本上能读下来。我之所以把这一点放在第一条,就是因为这是最基本的。书既然是为学汉语的学生写的,如果他们看不懂,那么写得再好,对他们也无用。这种情况不乏其例。

特点之二,虽然本书说的是语法错误(即偏误,下同),但并不面面俱到,而是突出重点。本书涵盖词语、句子成分、句子、篇章等方面的语法错误,每一部分都提出几个对日本学生来说是比较典型的错误加以讲解分析。这一点,懂日语的读者一看目录便知;不懂日语的读者,看了内容,也可体会。

特点之三,提供多种信息,使学生对他们的语法错误能够有个全面的认识,并可以从中悟出如何纠正、如何避免。我们看到:书中对每一项语法偏误,都是先给出偏误句,再给出正确句,然后对偏误句进行分析，最后通过"链接"对该语法点作正面的说明。

在分析每一个偏误的时候，除了指出为什么是偏误之外，还指出日本学生之所以会发生这类偏误的原因。在我看来，这是本书的一个亮点，是对日本学生最有针对性的，也是我最关心的，读了之后也最受启发。有了这一部分，就使得本书区别于一般的病句分析。德峰兼通日英两种语言，做这一部分他是具备条件的，可以做出比较准确的判断。

我大致统计了一下，属于受日语即学生的母语影响而造成的偏误有77项，属于过度类推的有103项，另外还有12项作者认为是受英语影响的结果；其中有9项是有两种可能的。在判断偏误成因时，常有"显然"、"可能"等修饰语，可见德峰是很慎重的。

按照Selinker的说法，形成偏误的原因有五，但就语法的情形说来，主要的可能就是母语的干扰和由于所学目的语知识不足而形成的过度类推这两种。

从德峰给的例子看，母语的干扰又有两种情况，一种是对译造成的，对译之后学生就以为二者在任何情况之下都是相同的，因而造成偏误；另一种是所谓一对多（日语的一个词语相对于汉语的两个或更多的词语）的情况。从两种情况中都还可以看出日语的一个特殊情况对日本学生的汉语中介语形成的影响，这就是日语中借用汉字的词语，往往是日语和汉语的词都用同样的汉字，而二者在语义、用法上又有着或大或小的区别。这部分词对学习汉语的日本学生有很大的迷惑性。在这里，翻译或释义起了"推波助澜"的作用，也就是说翻译或释义缺乏区别性，或者是不能区别于日语的对应词语，或者是在两个汉语词语只有一个日语对应词语时，没有能反映出两个汉语词语之间的差别。其实，要做到这一点并不是很难，只要在翻译或释义时尽量照顾到对应词语的区别性特征就行了。就语法而言，就是要揭示词语在语法功能、搭配、色彩、语体等方面的差异。如果做到了这一点，那么至少会减少偏误的发生。

对汉语规则的过度类推,也有两种情况。一种是相近语法项目的混淆,一种是学生对某种语法规则、某种语法形式根据自己的理解作出假设——不正确的假设——加以运用而产生偏误。这也牵涉到教材和教学上对这些语法、语法规则和形式的解释。就是说,在出现一个新的语法项目时,教材的编写者和教师应该想到学生可能会联想到前面已经学过的其他项目,会不会出现混淆,他们可能做出什么样的假设,如何通过讲解尽可能地使学生避免过度类推,从而避免偏误。对于相近项目的混淆,应该讲出二者的区别之所在;对于语法规则,应该突显其使用条件与限制。

我们可以看出,以上都牵扯到教学和教材中的语法翻译和解释中的失误问题。不过德峰这本书主要是给学生看的,所以没有说给教师的话。但是,我建议教日本学生汉语的老师们也读一读这本书,从书中的解释和分析,也会悟出教学中应该注意什么。

有意思的是那12项作者认为是日本学生因为受英语影响而出现的偏误。这里首先涉及的是一个理论问题,就是一个人已经掌握的一门或者几门外语,对他学习另一种外语有没有影响,其干扰是不是产生偏误的一个原因。20世纪80年代,我在美国俄亥俄州立大学听一位名叫Birckbichler的教授讲语言教与学的原理,我曾经问过她这个问题,她回答说,肯定有影响。我后来想查有关的文献,却没有查到,不过我本人很同意她的看法,从道理上应该是说得通的。我个人也有体会。十几年前我在意大利教书时,业余学意大利语,记得当时学习意大利语语法(也包括词汇)也常常联想到英语,理解起来就容易得多。我的体会是,这样的意大利语语法项目常常是汉语(我的母语)中没有而英语(我掌握的外语)中有的。那么,这里学汉语的日本学生由于受了英语(他们掌握的外语)的影响而产生的使用汉语时的偏误,是不是也是在日语中找不到参照物才从自己掌握的英语中找呢？从这 12 项的情况看，似乎是这样。这种情况，也是一种干扰，只不过不是母语的干扰，而是学生掌握的另一种外语对汉语学习的干扰。这是很值得注意、值得研究的一种现象。

以上是我读了德峰的书稿之后受到的一些启发，是学习的心得，写出来，权算作序吧。

祝贺德峰为对外汉语教学、为偏误分析做了一件实事，祝贺这本对学生和老师都非常有用的新作的出版！

鲁健骥

2008 年 5 月 28 日

目 录

前言 ·· 1

语法术语 ·· 1

第一章 词语学习中常见的错误

第一节 名词学习中常见的错误 ·· 1
　一、误用"们" ·· 1
　二、误用日语的名词代替汉语的名词 ·································· 3
　三、误用"时间"代替"时候" ·· 5
　四、"时"、"时候"混用 ··· 7
　五、误用"里"、"后"代替"里边（面）"、"后边（面）" ········· 8

第二节 动词学习中常见的错误 ······································ 10
　一、误用"有"代替"是" ·· 10
　二、"能"、"可以"、"会"混用 ··· 12
　三、"以为"、"认为"混用 ·· 14
　四、重叠式使用中的错误 ··· 15
　五、误用日语的动词代替汉语的动词 ································ 21

第三节 形容词学习中常见的错误 ·································· 24
　一、误用"低"代替"矮" ·· 24
　二、误用"广"代替"宽" ·· 25
　三、误用"寒"代替"冷" ·· 26
　四、重叠式使用中的错误 ··· 27

第四节　代词学习中常见的错误 ················· 31
一、疑问代词位置错误 ························· 31
二、误用"你"代替"您" ························ 32
三、"各"、"每"混用 ·························· 32
四、误用"别的"代替"另外" ···················· 34
五、误用"几"代替"多少" ······················ 34
六、"怎么"、"怎么样"混用 ···················· 36
七、误用"怎么样"代替"什么样" ················ 38

第五节　数词、量词学习中常见的错误 ············ 39
一、误用"二"代替"两" ························ 39
二、百分数读法错误 ··························· 41
三、误把"增加2倍"、"增加了2倍"跟"增加到2倍"等同起来 ········· 41
四、误用或误解"×折" ························ 42
五、"半"位置错误 ···························· 43
六、误用"左右"代替"前后" ···················· 44
七、"多"位置错误 ···························· 45
八、"来"位置错误 ···························· 46
九、误用"分"代替"分钟" ······················ 47
十、误用"回"代替"次" ························ 49
十一、"年"、"周"前误用量词"个" ·············· 50
十二、误用"一个" ···························· 51
十三、数量短语位置错误 ······················· 52
十四、"动词+了+名词"中的"名词"前漏用数量短语 ····· 53

第六节　副词学习中常见的错误 ················· 54
一、"不"、"没"混用 ·························· 54
二、"刚"、"刚刚"与"了"同现 ·················· 55

三、"经常"、"常常"与"了"同现 …………………………… 56
四、"才"、"了"同现 …………………………………………… 57
五、"常常"、"经常"与"过"同现 …………………………… 59
六、误用"从来" ………………………………………………… 60
七、误用"甭" …………………………………………………… 61
八、连动句、兼语句中"不"、"没（有）"等位置错误 …… 62
九、"都"使用中的错误 ………………………………………… 63
十、"还"、"又"、"再"混用 …………………………………… 65
十一、误用"又"代替"另外" ………………………………… 67
十二、误用"再一次" …………………………………………… 68
十三、"就"位置错误 …………………………………………… 69
十四、"也"位置错误 …………………………………………… 70
十五、"一起"位置错误 ………………………………………… 70
十六、误用"一点儿"代替"有点儿" ………………………… 71

第七节 介词学习中常见的错误 …………………………………… 73
一、"对……来说"位置错误 ………………………………… 73
二、误用"对" …………………………………………………… 75
三、误用"对"代替"对……来说" …………………………… 75
四、误用"对于"代替"对" …………………………………… 76
五、误用"关于"代替"对于" ………………………………… 78
六、"在"使用中的错误 ………………………………………… 79
七、"从"使用中的错误 ………………………………………… 84
八、误用"从"代替"离" ……………………………………… 86
九、漏用介词"到" ……………………………………………… 88
十、误用"为了"代替"因为" ………………………………… 88
十一、"跟"、"和"位置错误 …………………………………… 90

第八节　连词学习中常见的错误 ··· 91
一、"不但"位置错误 ··· 91
二、误用"和" ··· 93
三、"或(者)"、"还是"混用 ··· 95
四、"不管"、"不论"、"无论"所在句子类型错误 ··· 97
五、误用"因为"代替"既然" ··· 99
六、误用"由于"代替"因为" ··· 100
七、误用"于是"代替"所以" ··· 102

第九节　助词学习中常见的错误 ··· 104
一、漏用"的" ··· 104
二、"地"、"着"混用 ··· 104
三、"的"、"地"、"得"混用 ··· 105
四、"了"使用中的错误 ··· 108
五、"着"使用中的错误 ··· 119
六、误用"着"代替"在" ··· 123
七、带"过"的句子否定错误 ··· 124
八、误用"吗" ··· 125

第二章　句子成分学习中常见的错误

第一节　主语学习中常见的错误 ··· 127
一、主语类型错误 ··· 127
二、主谓谓语句大小主语位置错误 ··· 130

第二节　谓语学习中常见的错误 ··· 132
一、名词(短语)谓语前漏用"是" ··· 132
二、名词(短语)谓语前误用"是" ··· 134
三、形容词(短语)谓语前误用"是" ··· 135
四、误把形容词单独作谓语 ··· 137

五、误把非谓形容词用作谓语 ………………………… 138

第三节　宾语学习中常见的错误 …………………………… 140

　　一、"动词＋数量补语"带宾语位置错误 ………………… 140

　　二、离合词误带宾语 …………………………………… 143

　　三、宾语误用 …………………………………………… 145

第四节　定语学习中常见的错误 …………………………… 150

　　一、误把动词(短语)直接用作定语 …………………… 150

　　二、"多"、"少"误作定语 ………………………………… 152

　　三、误把有些"副词＋形容词"用作定语 ……………… 154

　　四、误把"别＋动词(短语)"用作定语 ………………… 155

　　五、误把"形容词(短语)＋名词"用作定语 …………… 156

　　六、"主语＋是＋名词(短语)"误用作定语 …………… 157

　　七、多项定语位置错误 ………………………………… 158

　　八、定语带不带"的"错误 ……………………………… 162

第五节　状语学习中常见的错误 …………………………… 167

　　一、状语位置错误 ……………………………………… 167

　　二、状语带不带"地"错误 ……………………………… 176

　　三、主谓谓语句中状语的位置错误 …………………… 181

　　四、"为了……"位置错误 ……………………………… 183

第六节　补语学习中常见的错误 …………………………… 184

　　一、漏用结果补语 ……………………………………… 184

　　二、趋向补语使用中的错误 …………………………… 185

　　三、可能补语使用中的错误 …………………………… 194

　　四、情态补语使用中的错误 …………………………… 196

　　五、数量补语位置错误 ………………………………… 198

第三章　句子学习中常见的错误

- 一、"是……的"句中"的"的位置错误 …… 200
- 二、误用"有"字比较句 …… 201
- 三、"比"字句使用中的错误 …… 203
- 四、"把"字句使用中的错误 …… 206
- 五、"被"字句使用中的错误 …… 216
- 六、"叫"、"让"后面缺少宾语 …… 222
- 七、"给＋宾语"位置错误 …… 223
- 八、"连……都/也……"使用错误 …… 224

第四章　篇章学习中常见的错误

- 一、主语多余 …… 227
- 二、缺少主语 …… 228
- 三、定语位置上缺少代词 …… 228
- 四、误用名词代替代词 …… 229
- 五、人称代词前缺少指称对象 …… 230
- 六、人称代词指称的对象不明确 …… 231
- 七、时间指称错误 …… 232
- 八、处所指称错误 …… 233
- 九、连接成分使用中的错误 …… 234
- 十、缺少照应词语 …… 239
- 十一、前后话题不连贯 …… 240

附录　标点符号学习中常见的错误 …… 242

- 一、乱用点隔号(·) …… 242
- 二、误用顿号(、)代替逗号(,) …… 243
- 三、误用句号(。)代替逗号(,) …… 244

四、误用"「 」"代替引号("") ………………………… 245
五、漏用冒号(：) ……………………………………… 246
六、误用双引号("") …………………………………… 247
七、误用"「 」"代替书名号(《 》) …………………… 248

主要参考文献 ………………………………………… 249

后记 …………………………………………………… 251

前　言

　　对外国学习者学习汉语出现的错误进行分析之类的书籍已出版了一些,这些书籍的出版,不但给教师的教学带来了方便,也给外国学习者学习汉语提供了很好的指导。

　　毋庸讳言,这类书籍也存在着一些不足。其不足之处主要是所列举的错误常常是"普遍性"的,缺乏针对性,即这些错误到底哪些母语学习者容易出现,哪些母语学习者很少出现,不得而知。不仅如此,这些错误的根源在哪里,是母语的影响,还是目的语等的影响,往往也缺乏分析。其结果是,使用者常常知其然而不知其所以然,不能从根本上解决这些问题。有些书籍虽然也对错误产生的原因做了一些探讨,但多局限于从汉语语法自身的角度去观察,去解释。这种观察尽管十分必要,但有时却未必奏效,因为外国学习者学习汉语时出现的语法错误不少是学习者母语负迁移的影响,即学习者在学习汉语时都会自觉或不自觉地把汉语中的语法现象跟自己母语中类似的语法现象进行简单的类比或对译,结果自然会出现这样或那样的问题。因此,如果光从汉语语法的角度去观察这些问题,有时必然是就事论事,看到的只能是表面现象,不可能找到问题的症结所在,这样不仅不能从根本上解决问题,有时反而会产生一些误导。

　　本书把日本学习者学习汉语时常犯的语法错误进行了归类,并对这些错误尽量加以剖析,指出错误的根源,希望通过这种剖析,能够让日本汉语学习者真正知道出现错误的原因,从而杜绝错误的产生。此外,为了让日本学习者对一些纷繁的语法现象有一个清晰的认识,本书还在必要的地方对一些相关的语法项目进行了大致的梳理。该书共分为四章,第一章是词语学习,词语学习部分一共九节,分别列举了"名词"、"动词"、"形容词"、"代词"、"数量词"、"副词"、"介词"、"连词"、"助词"等学习中常见的错误。第二章为句子成分学习,一共六节,分别归纳了日本学习者学习"主语"、"谓语"、"宾语"、"定语"、"状语"和"补语"等句法成分时经常出现的错误。第三章为句子学习,主要指出一些特殊句子,像"是……的"句、"把"字句、"被"字句、"给"字句等学习中容易出现的错误。第四章为篇章学习,该部分主要介绍了日本学习者篇章学习中常见的错误。此外,本书还有一个附录,对日本学习者使用标点符号时经常出现的错误做了一些分析。

　　本书所收录的都是日本学习者常犯的、带有普遍性的错误,为了尽可能把这些错误收录进去,除了借助笔者平时的积累以外,也参考了现有的研究成果。尽管如此,也很难做到没有遗漏,因为日本学习者学习汉语语法时犯的错误到底有多少,目前还缺乏这方面的统计资料。如果说发现错误比较难的话,那么分析错误产生的根源则更是难上加难。因为语言是一种人文现象,学习者学习时出现的错误常常受到学习者的母语、目的语以及跟学习者的母语和目的语相关的文化等因素的影响,这些因素常常交织在一起,有时很难理出一个头绪。因此,本书所做的工作还是一种尝试,不足之处在所难免,但是笔者坚信其方向是对的,并希望本书能对日本学习者学习汉语起到一定的指导作用,也希望能为对外汉语教师的教学和科研提供一些参考。

语法术语

B

比较句	比較文
宾语	目的語
并列关系	並列関係
补语	補語
部分否定	部分否定
不及物动词	自動詞

C

陈述句	平叙文
程度补语	程度補語
持续	持続
重叠式	重ね型
处所词	場所名詞

D

搭配	組み合わせ
大主语	大主語
代词	代名詞
单音节	一音節
"的"字短语	「的」フレーズ
定语	限定語
定指	特定
动词(短语)	動詞(フレーズ)
动量补语	動量補語
段落	段落

F

发展、变化动词	発展、変化動詞
方位词	方位詞
非定指	非定指
非谓形容词	限定形容詞
非自主动词	無意志動詞
分句	コルーツ
否定副词	否定副詞
否定句	否定文
副词	副詞
负向形容词	マイナスイメージ形容詞

复合趋向补语	複合方向補語
复句	複雑文
复数	複數

G

格助词	格助詞
固定短语	四字熟語
关联副词	接続副詞
关系动词	関係動詞

H

话题	話題
话题链	話題の連鎖
关联副词	接続副詞
存现句	存現文
间接宾语	間接目的語
近指	近称

J

及物动词	他動詞
假设句	仮定文
兼语句	兼語文
简单趋向补语	簡單方向補語
结果补语	結果補語
介词	前置詞
介词短语	前置詞フレーズ
进行	進行
句群	文群
句子	文

K

肯定句	肯定文
口语	口語

L

类推	類推
离合词	離合動詞
立足点	观察場所
连词	接続詞
连动句	連動文
量词	量詞
零形式	零形式

M

名词(短语)	名詞(フレーズ)

N

能愿动词	能動動詞

Q

祈使句	命令文

强调	強調	X	
情态补语	情態補語		
区别词	區別詞	小主语	小主語
趋向动词	方向動詞	形容词(短语)	形容詞(フレーズ)
		性质形容词	性質形容詞
R		叙述	叙述
人称代词	人称代名詞		
		Y	
S		疑问代词	疑問代詞
省略	省略	疑问句	疑問文
施事	施事	已知	既知
实现	實現	语气词	語気助詞
时间副词	時間副詞	语气副词	語気副詞
时量补语	時量補語	语素	語素
书面语	書面語		
述补短语	述補フレーズ	**Z**	
数词	數詞	正向形容词	プラスイメージ形容詞
数量	數量	直接宾语	直接目的語
		直接引语	直接引用文
T		重读	強く読む
条件句	條件文	周遍性主语	周遍性主語
		主谓短语	主述フレーズ
W		主谓谓语句	主述述語文
谓语	述語	主语	主語

助词	助詞	状态形容词	状態形容詞
专有名词	固有名詞	状语	限定語
状态动词	状態動詞	自主动词	意志動詞

第一章　词语学习中常见的错误

第一节　名词学习中常见的错误

一、误用"们"

例句

误：

① *教室里有三个学生们[①]。
② *几个老师们在吃饭。
③ *现在去中国旅游的人们越来越多。
④ *我们班努力学习的学生们不太多。

正：

⑤ 教室里有三个学生。
⑥ 几个老师在吃饭。
⑦ 现在去中国旅游的人越来越多。
⑧ 我们班努力学习的学生不太多。

分析

汉语指人的名词可以带"们"表示复数，但是带上"们"以后，不能与

[①] "*"表示该例证是错误的，以下同。

表示数量的成分出现在同一个句子中。例①、例②的"学生们"、"老师们"前面分别有数量定语"三个"、"几个",因此句子不成立,"们"应该删去。

例③、例④的"去中国旅游的人们"、"努力学习的学生们"都带"们",但谓语中有表示数量的"多",所以句子也不成立,"们"也应该删去。

日本学生出现这种错误,是英语影响的结果。英语表示复数时一般要在名词后面加上"s"或"es",受此影响,他们常在名词后面误用上"们"。

链接

名词带"们"的情况:

汉语中指人的名词一般才能带"们",但并不是任何时候这些名词都可以带上"们"。

1. 指人的名词能带"们"的情况。

(1) 指人的名词可以带"们",带上"们"以后可以作主语、宾语和定语。例如:

① 老师们都很辛苦。

② 同学们已学过一年汉语。

③ 感谢朋友们!

④ 家长们的努力没有白费!

(2) 并列的指人的名词,最后一个可以带上"们"。例如:

① 老师、学生们都非常辛苦!

② 部长、局长们都来了。

2. 指人的名词不能带"们"的情况。

句子中如果有表示数量的成分,指人的名词不能带"们",也就是说,表示复数的"们"不能与表示数量的成分同时出现在同一个句子中。

下面的说法都是错误的：

① ＊这个地方一些同学们去过了。

② ＊我看见几个孩子们在做游戏。

③ ＊家里有钱的学生们不少。

二、误用日语的名词代替汉语的名词

(一) 用"先周"、"今周"和"来周"代替"上周"、"本周"和"下周"

例句

误：

① ＊先周我们去上海了。

② ＊今周有台风。

③ A：你们什么时候考试？

　　B：＊来周。

正：

④ 上周我们去上海了。

⑤ 本周有台风。

⑥ A：你们什么时候考试？

　　B：下周。

分析

汉语表示"星期"的方式和日语相似：

汉语	上周	本周	下周
日语	先週	今週	来週

并且汉语的"周"和日语的"週"形似，正因为如此，日本学生常常把日语"星期"表达方式中的"週"改为"周"，直接用在汉语中。例①、例②、例③的"先周"、"今周"和"来周"应分别改为"上周"、"本周"和"下周"。

(二) 用"先月"、"今月"、"来月"代替"上个月"、"本月"和"下个月"

例如

误：

① *先月我哥哥结婚了。

② *她今月回国。

③ *来月我去中国。

正：

④ 上个月我哥哥结婚了。

⑤ 她本月回国。

⑥ 下个月我去中国。

分析

汉语有"上个月"、"本月"、"下个月",日语有"先月"、"今月"、"来月",二者都有共同的语素"月"：

汉语	上个月	本月	下个月
日语	先月	今月	来月

受日语影响,日本学生往往用日语的"先月"、"今月"和"来月"代替汉语的"上个月"、"本月"和"下个月"。例①、例②、例③的"先月"、"今月"和"来月"应分别改为"上个月"、"本月"和"下个月"。

(三) 用"昨年"、"来年"代替"去年"、"明年"

例句

误：

① *昨年春节的时候,我去了上海。

② *弟弟来年来中国。

正：

③ 去年春节的时候,我去了上海。

④ 弟弟**明年**来中国。

分析

汉语"年"的表示方法与日语相近,而且有的连汉字都一样:

汉语	去年	今年	明年、来年①
日语	昨年	今年	来年

正因为如此,日本学生常常不自觉地用日语"年"的表达方法来类推汉语。例①、例②的"昨年"、"来年"应分别改为"去年"、"明年"。

三、误用"时间"代替"时候"

例句

误:

①＊讨论的**时间**,日本学生常常不说话。

②＊我做作业的**时间**,喜欢听音乐。

正:

③ 讨论的**时候**,日本学生常常不说话。

④ 我做作业的**时候**,喜欢听音乐。

分析

例①的"讨论的时间"是作状语,表示"日本学生常常不说话"这种情况发生的时间,"时间"应改为"时候";例②的"我做作业的时间"也是作状语,表示"喜欢听音乐"这种情况发生的时间,"时间"也应改为"时候"。

日本学生出现这种错误,是"时间"、"时候"意义和用法相近的缘

---

① 汉语中的"来年"很少使用。

故。正因为这两个词既有相同之处,又有不同之处,所以他们常常搞不清楚,很容易把二者混同起来。

链接

"时间"和"时候"的区别:

"时间"、"时候"都能表示一段时间和时间里的某一点,但二者有着很大的区别。

1. "时间"可以单独作主语和宾语,"时候"则很少单独作主语和宾语。例如:

① 时间不早了。—时候不到。

② 时间用完了。—＊时候用完了。

③ 今天有时间。—＊今天有时候。

④ 你在浪费时间。—＊你在浪费时候。

2. "时候"经常组成"(当/在)……的时候"这样的结构,放在句子前面作状语;"时间"常组成"在……时间＋上/中/里/内"这样的结构作状语。例如:

① 考试的时候,谁都不能看书。

② 忙的时候,星期天都不休息。

③ (当)我们还在火车上的时候,他们已经到家了。

④ 在别人需要他帮助的时候,他总是毫不犹豫。

⑤ 在这段时间里,谁也不能出去。

3. "时间"可以被很多名词修饰,而"时候"只能被"晚饭、午饭、晚会、大学、中学、春天、秋天"等少数名词修饰。例如:

① 不要浪费老师的时间。—＊不要浪费老师的时候。

② 晚饭的时间还没到。—晚饭的时候再说吧!

四、"时"、"时候"混用

例句

误：

① *他交给大姑五块钱的**时**,人民币已经半湿了,尽是汗。
② *我的同屋睡觉的**时**发出很大的声音。
③ *离开上海**时候**,大家买了很多礼物。
④ *日本人坐车**时候**经常看报。

正：

⑤ 他交给大姑五块钱**时**,人民币已经半湿了,尽是汗。/他交给大姑五块钱的**时候**,人民币已经半湿了,尽是汗。
⑥ 我的同屋睡觉**时**发出很大的声音。/我的同屋睡觉的**时候**发出很大的声音。
⑦ 离开上海**时**,大家买了很多礼物。/离开上海的**时候**,大家买了很多礼物。
⑧ 日本人坐车**时**经常看报。/日本人坐车的**时候**经常看报。

分析

动词(短语)作"时"的定语,不能带"的";动词(短语)作"时候"的定语,必须带上"的"。例①的"他交给大姑五块钱"、例②的"我的同屋睡觉"都是动词短语,作"时"的定语带了"的",所以句子不成立,"的"应该删去,或者把"时"改为"时候"。

例③的"离开上海"、例④的"日本人坐车"也都是动词短语,作"时候"的定语都没带"的",句子也不成立,应该把"时候"改为"时",或者在"时候"前面加上"的"。

日本学生出现这种错误,主要是汉语的"时"和"时候"意义相同、用法相近的缘故。正因为如此,他们常常忽视了二者用法上的区别,把它们等同起来。

链接

"时"、"时候"的区别：

"时"、"时候"都可以表示一段时间,但是二者有一些区别。

1. 动词(短语)作"时候"的定语要带"的",作"时"的定语不能带"的"。例如：

① 上课**的时候**不能吃东西。

② 考试**的时候**不许看书。

③ 上课**时**不能吃东西。

④ 考试**时**不许看书。

2. 形容词可以带"的"作"时候"的定语,但一般不作"时"的定语。

① **热的**时候把毛衣脱掉。

② **便宜的**时候咱们再买吧。

③ *热**时**把毛衣脱掉。

④ *便宜**时**咱们再买吧。

3. "时候"可以与"当、在"组成介词短语作状语,"时"一般不能。例如：

① 当大家都在家里休息的**时候**,他一个人还在办公室里工作。

② 在这种**时候**,最好不要出去。

③ *当大家都在家里休息的**时**,他一个人还在办公室里工作。

④ *在这种**时**,最好不要出去。

4. "时候"可以用于书面语,也可以用于口语;"时"只能用于书面语。

五、误用"里"、"后"代替"里边(面)"、"后边(面)"

例句

误：

① *山本坐在我里。

② *妈妈**后**是我妹妹。

正：

③ 山本坐在我**里边（面）**。

④ 妈妈**后边（面）**是我妹妹。

分析

单纯方位词"里"、"后"等前面一般不能出现人称代词或指人的名词（短语）。例①的"我"、例②的"妈妈"分别是人称代词和指人的名词，后面分别用了"里"和"后"，句子不成立，"里"应改为"里边（面）"，"后"应改为"后边（面）"。

"里"和"里边（面）"、"后"和"后边（面）"（类似的还有"外"和"外边（面）"、"上"和"上边（面）"、"下"和"下边（面）"等）意义相同，用法也有相同之处，正因为如此，日本学生常把它们等同起来，该用"里边（面）"、"后边（面）"时往往用了"里"和"后"。

链接

"里"和"里边（面）"、"后"和"后边（面）"的区别：

1. "里边（面）"、"后边（面）"可以单独作主语、宾语和定语，"里"、"后"一般不行。例如：

① **里边（面）/后边（面）**没有人了。— *里/后没有人了。

② 衣服放**里边（面）/后边（面）**。— *衣服放里/后。

③ **里边（面）/后边（面）**的人都走了。— *里/后的人都走了。

2. 汉语中有"名词+的+里边（面）"，但没有"名词+的+里"。例如：

① 抽屉的**里边（面）**放着一沓钱。— *抽屉的里放着一沓钱。

② 床的**里边（面）**睡着一个孩子。— *床的里睡着一个孩子。

> **注意**
>
> "名词+的+里边(面)"和"名词+里边(面)"意思不一样：
> **教室的里边(面)** 坐着一个人。≠**教室里边(面)** 坐着一个人。
> "教室的里边(面)"是指教室内靠近里边(面)的部分，"教室里边(面)"是指教室内的任何地方。"教室的里边(面)"的重音在"里边(面)"上，"教室里边(面)"的重音在"教室"上。

3. "人称代词/指人的名词(短语)+里边(面)/后边(面)"可以说，但"人称代词/指人的名词(短语)+里/后"一般不能说。例如：

① 你里边(面)/后边(面)是谁？ — *你里/后是谁？

② 我坐哥哥里边(面)/后边(面)。 — *我坐哥哥里/后。

4. "里边(面)"、"后边(面)"可以单用，"里"、"后"不行。例如：

A：他在哪儿？

B：里边(面)/后边(面)。

*里/后。

第二节　动词学习中常见的错误

一、误用"有"代替"是"

例句

误：

① *(图书馆前面只有书店一个建筑物)图书馆的前面**有**书店。

② *我后面**有**山本。

正：

③ 图书馆的前面**是**书店。

④ 我后面**是**山本。

分析

"有"表示存在,但这种"存在"常常不是独一无二的,即意味着还有其他事物。例①图书馆前面只有书店一个建筑物,即除了书店之外,没有别的建筑,这种情况下用"有"显然不合适,"有"应改为"是"。

表示存在的"有",宾语一般不能是单个专有名词。例②是存在句,"有"的宾语"山本"是专有名词,因此句子不成立,"有"应改为"是"。

"有"和"是"都可以表示存在,但意义和用法有一些差别,日本学生常常忽视这一点,把它们等同起来。

链接

表示"存在"的"有"和"是"的区别:

1. "是"表示的"存在"常常是独一无二的,即除了某种事物以外,没有其他事物;而"有"表示的"存在"却不是这样。例如:

① 桌子上**是**书。(意思为"桌子上除了书以外,没有别的东西")

② 图书馆前面**是**邮局。(意思为"除了邮局以外,没有别的建筑物")

③ 桌子上**有**书。(意思为"桌子上除了书以外,还有别的东西")

④ 图书馆前面**有**一个邮局。(意思为"图书馆前面除了有邮局之外,还有别的建筑")

2. "有"的宾语一般不能是单个专有名词(列举或对比时除外),"是"的宾语没有这种限制。例如:

① *海淀区有**北京大学**。

② *天安门广场有**天安门**。

③ 北边是**北京大学**。

④ 前面是**故宫**。

二、"能"、"可以"、"会"混用

例句

误：

① *我**能**说汉语。

② *我们学了一年汉语，但是我们不**能**说。

③ *他可以去，你不**可以**去。

正：

④ 我**会**说汉语。

⑤ 我们学了一年汉语，但是我们不**会**说。

⑥ 他可以去，你不**能**去。

分析

"能"表示主观上具有某种能力，"会"表示学习以后具有某种能力。例①的"说汉语"、例②的"说（汉语）"都是学习后具有的能力，"能"应改为"会"。

"可以"的否定多用"不能"。例③的"不可以"应改为"不能"。

日本学生出现这种错误大概有两个原因：一是"能"、"可以"、"会"日语中都是できる，受此影响，他们以为汉语的"能"、"可以"、"会"也相同。二是汉语的"能"、"可以"和"会"意思上有相同或相近的地方，他们常常只注意这些词相同或相近的一面，而忽视了它们之间的区别。

链接

"能"、"可以"、"会"的区别：

1. "能"、"可以"表示主观上具有某种能力，但"会"表示学习后具有某种能力。例如：

① 我**能**学好汉语。

② 哥哥**可以**喝一瓶啤酒。

③ 山本**会**说汉语。

2. "能"、"可以"表示具备某种客观条件。例如：

① 还有一点儿没干完，八点以前**能**完成。

② 这个房间**可以**放两张床。

3. "能"、"可以"都表示情理上许可，但"能"多用于否定句，"可以"一般用于肯定句。例如：

① 路太远，**不能**走着回去！

② 操场上**可以**打篮球。

4. "能"、"可以"都表示"准许"，"能"用于疑问句和否定句，"可以"用于疑问句和肯定句。例如：

① A：我**能**看一下吗？

　B：你**不能**看。

② 弟弟**可以**跟我一起去吗？

③ 你们**可以**回家了。

5. "能"、"会"表示善于做某事，但"能"表示量多，"会"表示做得好。例如：

① 爸爸真**能**说，已经说了三个小时了！

② 爸爸真**会**说，妈妈听了爸爸的话气立刻就消了。

6. "会"表示有可能。例如：

① 明天**不会**下雨。

② 现在已经九点了，他还**会**来吗？

"能"、"可以"、"会"的区别如下表：

意义＼词语	能	可以	会
具有某种能力	√（主观上具有）	√（主观上具有）	√（学习后具有）
具备某种客观条件	√	√	×
情理上许可	√（否定句）	√（肯定句）	×
准许	√（疑问句、否定句）	√（疑问句、肯定句）	×
善于做某事	√（量多）	×	√（做得好）
可能	×	×	√

三、"以为"、"认为"混用

例句

误：

① ＊我**认为**他是哥哥，结果他是弟弟。

② ＊我们都**认为**李红是女老师，可是他是男老师。

③ ＊他**以为**自己这次考得不错，大概能考 90 分。

正：

④ 我**以为**他是哥哥，结果他是弟弟。

⑤ 我们都**以为**李红是女老师，可是他是男老师。

⑥ 他**认为**自己这次考得不错，大概能得 90 分。

分析

"认为"和"以为"是近义词，都能表示判断，但是"认为"表示的判断正确与否并不重要，而"以为"表示的判断常常是错误的。例①的"他是哥哥"、例②的"李红是女老师"两个判断都是错误的，因此"认为"应改为"以为"。

例③的"自己这次考得不错"只是一种判断,正确与否并不清楚,"以为"应改为"认为"。

日本学生出现这种错误有两个原因:一是"认为"、"以为"日语中都是"思う",受此影响,他们以为汉语的"认为"、"以为"也没有区别。二是他们使用时只注意到了"以为"和"认为"的相同或相近之处,而忽视了二者的区别。

链接

"以为"和"认为"的区别:

1. "认为"表示对人或事物的判断,这种判断可能是对的,也可能是错的。例如:

　① 我**认为**这件衣服不错。

　② 大家都**认为**她做得对。

　③ 你可以这么**认为**,但是我不赞成。

2. "以为"表示对人或事物的判断,但这种判断一般是错误的。例如:

　① 我**以为**今天星期六,原来是星期天。

　② 我们都**以为**汉语很难,可是汉语真的很容易!

　③ 大家都**以为**王老师二十多岁,实际上她已经三十多了。

四、重叠式使用中的错误

(一) 误用重叠式

例句

误:

　① *有一天,他们两个去饭馆**喝喝酒**。

　② *他给小春他刚才**玩玩儿**的东西。

正:

　③ 有一天,他们两个去饭馆**喝酒**。

④ 他给小春他刚才**玩儿**的东西。

分析

如果动词表示的动作行为要经过一个过程才能完成,而且动作行为已经发生,不能用重叠式。① 例①的"喝"要经过一个过程才能完成,并且"喝"已经发生,但却用了重叠式,因此句子不成立,"喝喝"应改为"喝"。

动词重叠式充当谓语动词的短语不能作定语。例②的"他刚才玩玩儿"作定语了,所以句子不成立,"玩玩儿"应改为"玩儿"。

日本学生出现这种错误,是过度类推的结果。汉语的重叠式表示动作持续的时间短或进行的次数少,他们误以为所有动作持续时间短或进行次数少的情况都可以用重叠式。

(二) 漏用重叠式

例句

误:

① ＊老师,再给我**讲**这个语法吧。

② ＊我想再**参观**长城。

正:

③ 老师,再给我**讲讲**这个语法吧。

④ 我想再**参观参观**长城。

分析

祈使句中使用动词重叠式,句子的语气比较缓和,例①是祈使句,"讲"改为"讲讲"比较得体。

例②表达的是主观愿望,这种情况下用动词重叠式语气比较缓和、委婉,"参观"应改为"参观参观"。

日本学生出现这种错误,是回避使用重叠式的结果。重叠式不仅

---

① 参见刘月华《实用现代汉语语法(增订本)》(P. 164)。

表示特定的语法意义,而且还有其他附加意义和使用条件,由于没有把握,他们常常回避使用。

(三) 重叠式错误

例句

误:

① *咱们去**散步散步**吧。

② *我跟他一起**游泳了游泳**。

正:

③ 咱们去**散散步**吧。

④ 我跟他一起**游了游泳**。

分析

离合词只能第一个语素重叠。例①、例②的"散步"、"游泳"都是离合词,只能是"散"、"游"重叠,"散步散步"应改为"散散步","游泳了游泳"应改为"游了游泳"。

日本学生出现这种错误,显然是过度类推的结果。汉语双音节动词的重叠式一般是 ABAB 式。例如:

休息→休息休息　讨论→讨论讨论　打听→打听打听

正因为如此,他们以为离合词的重叠式也是 ABAB 式。

(四) 重叠式的宾语错误

例句

误:

① *你查查**一本书**。

② *星期天我听听**一些音乐**。

正:

③ 你查查**书**。

④ 星期天我听听**音乐**。

分析

重叠式的宾语不能是数量(名)短语。例①、例②的宾语都是数量(名)短语,所以句子不成立。例①、例②的"一本"、"一些"应该删去。

日本学生出现这种错误,也是过度类推的结果。汉语的动词可以带数量(名)短语作宾语。例如:

① 我买了**一本词典**。

② 大家喝了**一箱啤酒**。

③ 他要**一件**。

正因为这样,他们以为重叠式也可以带数量(名)短语作宾语。

链接

动词重叠式

1. 动词重叠的方式。

(1) 单音节动词。

单音节动词的重叠式是 AA 或 A一A(A 代表动词),AA 中的第二个音节一般轻读,即读成 A·A("·"表示后一个 A 轻读);A一A 中的"一"轻读,即读成 A·一A。例如:

看→看·看(kàn·kan)

听→听·听(tīng·ting)

讲→讲一讲(jiǎng·yijiǎng)

写→写一写(xiě·yixiě)

(2) 双音节动词。

双音节动词的重叠式一般是 ABAB 式(A、B 代表动词的两个音节),第二、四个音节轻读,即读成 A·BA·B。例如:

学习→学·习学·习(xué·xixué·xi)

休息→休息·休息(xiū·xixiū·xi)

研究→研究·研究(yán·jiuyán·jiu)

有少数双音节动词,两个动词语素表示的是两种动作行为,像"说笑、来往、拖拉、打闹、推搡、拍打、比划",这些动词的重叠式是AABB式。例如:

说笑→说说笑笑

来往→来来往往

拖拉→拖拖拉拉

(3) 离合词。

离合词的重叠式是AAB式。例如:

洗澡→洗洗澡

睡觉→睡睡觉

游泳→游游泳

2. 动词重叠式的语法意义。

动词重叠式的基本语法意义是表示持续的时间短或进行的次数少。例如:

① 不会的时候,可以**看看**书。

② 大家一起**讨论讨论**,也许就明白了。

③ 你再**找找**!

3. 可以重叠的动词和不能重叠的动词。

汉语的动词有的可以重叠,有的不能重叠。能重叠的一般都是表示动作行为的动词。例如:

看→看看　说→说说　问→问问　打→打打　唱→唱唱

不能重叠的动词很多,下列动词都不能重叠:

(1) 趋向动词,如"来、进、出、上、下、进去、出去";

(2) 状态动词,如"怕、恨、爱、害怕、喜欢"等;

(3) 关系动词,如"在、是、有、属于、存在"等;

（4）发展、变化动词,如"变、变化、发展"等。

4. 动词重叠式使用时应注意的问题。

（1）动词重叠式常用于祈使句中,语气比较缓和。例如：

① 你**看看**书！

② 咱们**问问**老师吧！

（2）动词重叠式可以表示经常性的或没有确定时间的动作,含有"轻松"、"随便"的意思。例如：

① 在家**看看**书,**听听**音乐,挺舒服的。

② 出去**走走**,到处**看看**,就不会有烦恼了。

（3）动词重叠式经常用于表达主观愿望,含有委婉的意思。例如：

① 大家希望老师再**讲一讲**。

② 我想去中国**看看**。

（4）动词重叠式很少有否定式,只有下面两种情况才有：

A. 在疑问句或反问句中。例如：

① 老师**没讲讲**吗？

② 你怎么**不复习复习**？

B. 用于假设或条件句中,这种情况下多是双音节动词的重叠式。例如：

① **不研究研究**就没有发言权。

② 这种孩子,**不教训教训**不行。

（5）动词重叠式后面不能带"了"、"着"、"过",前面不能出现"正"、"正在"、"在"表示进行的副词。

（6）动词重叠式带的宾语类型。

A. 名词（短语）。例如：

① 咱们看看**地图**吧！

② 你去问问**老师**。

③ 应该锻炼锻炼**身体**了。

④ 大家谈谈**自己的感想**。

⑤ 好好研究研究**这些问题**！

B. 代词或"代词＋(数词)＋量词"。例如：

① 你去帮帮**他**！

② 试试**这(一) 件**吧！

C. "的"字短语。例如：

① 你看看**我写的**。

② 大家尝尝**他做的**。

③ 大家讨论讨论**她写的**。

④ 弟弟摸摸**大的**，又摸摸**小的**，好像两个玩具都很喜欢。

D. 主谓短语。例如：

① 你应该好好想想**我这么做是为了谁**。

② 调查调查**这事是谁干的**？

五、误用日语的动词代替汉语的动词

(一) 用"发表"代替"谈"、"说"、"宣读"、"公布"等

例句

误：

① ＊现在我来**发表**我的意见。

② ＊他的论文在下午的大会上**发表**。

③ ＊选举结果什么时候**发表**？

正：

④ 现在我来**谈谈**我的意见。

⑤ 他的论文在下午的大会上**宣读**。

⑥ 选举结果什么时候**公布**？

分析

汉语的"发表"可以带"意见"作宾语,但是"意见"前面一般不能出现定语。例①"发表"的宾语是"我的意见","意见"前面出现了定语,句子不成立,"发表"应改为"谈谈"。

"发表"虽然可以带"论文"作宾语,但是"发表"的意思为"刊登"。例②的"论文"与"发表"搭配,句子不成立,因为"论文"不可能"在下午的大会上刊登","发表"应改为"宣读"。

例③的"选举结果"与"发表"搭配,句子也不成立,"发表"应改为"公布"。

日本学生出现这种错误,是日语影响的结果。汉语有"发表",日语也有"発表",而且都有相同的汉字"表"。日语的"発表"含有"谈"、"公布"、"宣读"等意思,而汉语的"发表"表示"表达"、"刊登"等意思,意思有相近之处。受日语影响,他们常常用日语"発表"的用法来类推汉语的"发表"。

链接

汉语"发表"的用法:

1. "发表"的对象为文章或文学作品等。例如:

   ① 你的**论文发表**了吗?

   ② 他一年**发表**了十篇**作品**。

   ③ 弟弟十岁时就**发表**了一篇**小说**。

2. "发表"的对象为声明、看法等。例如:

   ① 我国政府**发表**了一个严正**声明**。

   ② 他们还没有对这件事**发表**任何**看法**。

   ③ 请大家就这个问题**发表意见**。

(二) 用"访问"代替"旅游"、"玩"、"看看"等

例句

误:

① *爸爸参加旅行团**访问**中国。

② *上小学的时候,我**访问**过两次西安。

正:

③ 爸爸参加旅行团到中国去**旅游**。

④ 上小学的时候,我**去过**两次西安。

分析

汉语的"访问"可以和"中国"等搭配,但是一般指正式的、受对方邀请的。例①"爸爸参加旅行团"不是正式的、受对方邀请的,用"访问"不合适,该句应改为"爸爸参加旅行团到中国去旅游"。

例②也不是正式的、受对方邀请的,用"访问"也不合适,"访问"应改为"去"。

日本学生出现这种问题,同样是日语影响的结果。汉语有"访问",日语有"訪問",后者是前者的繁体,不仅如此,意义也有相同之处。汉语的"访问"用于正式的场合,使用范围比较窄。日语的"訪問"既可以用于正式场合,也可以用于非正式场合,使用范围比较广。受日语影响,他们经常用日语"訪問"的用法来类推汉语的"访问"。

链接

汉语"访问"的用法:

1. "访问"的对象为国家、地区、机构等。例如:

① 美国总统下个月**访问**中国。

② 日本首相田中角荣到**中国访问**过。

③ 下星期刘校长应邀去**北大访问**。

2. "访问"的对象为人物。例如:

记者**访问**了那个**老**教授。

第三节　形容词学习中常见的错误

一、误用"低"代替"矮"

例句

误：

① *我个子高,弟弟比较**低**。

② *这棵树很**低**。

正：

③ 我个子高,弟弟比较**矮**。

④ 这棵树很**矮**。

分析

"矮"表示身材短、高度小,指的是物体从上到下的垂直距离;"低"表示离地面近,指的是物体离地面的空间距离。正因为如此,它们的搭配对象也就有所不同。例①、例②指的是身材和高度,应该用"矮"。

日本学生出现上面的错误,是日语影响的结果。"低"和"矮"日语都是"低い"。例如:

① 身長が低い。

② レベルが低い。

前一例意思为"个子矮",后一例意思为"水平低",日语用的都是"低い"。"低い"中的"低",与汉语的"低"是同一个汉字,正因为如此,他们常常用"低"代替"矮"。

链接

"低"和"矮"的区别：

1. "矮"表示身材短、高度小。例如：

   ① 妹妹个子很**矮**。

   ② 那张桌子有点**矮**。

2. "低"表示离地面近或水面的高度小。例如：

   ① 飞机在**低**空飞行。

   ② 水位降**低**了。

"低"表示在一般的标准或平均程度之下。例如：

   ① 我的汉语水平**低**。

   ② 以前妇女的社会地位很**低**。

二、误用"广"代替"宽"

例句

误：

   ① ＊这里的公路不**广**。

   ② ＊北京的马路很**广**。

正：

   ③ 这里的公路不**宽**。

   ④ 北京的马路很**宽**。

分析

"广"表示面积、范围大，"宽"表示横的距离大。例①、例②说的分别是"公路"、"马路"横的距离，因此不应该用"广"，"广"应改为"宽"。

日本学生出现这种问题，也是受到了日语的影响。汉语的"广"和"宽"日语都是"広い"，即日语的"広い"既有"广"的意思，又有"宽"的意思。不仅如此，日语的"広"和汉语的"广"字形也相近。受这些因素的影响,该用"宽"时他们往往用了"广"。

链接

"广"和"宽"的区别：

1. "广"表示面积、范围大。例如：

   ① 她的知识面很**广**。

   ② 那儿地**广**人稀。

   ③ 这个故事流传很**广**。

2. "宽"表示横的距离大。例如：

   ① 哥哥的肩膀很**宽**。

   ② 北京的马路比较**宽**。

   ③ 那条河**宽**得很。

三、误用"寒"代替"冷"

例句

误：

① *今天天气很**寒**。

② *教室里有点**寒**。

正：

③ 今天天气很**冷**。

④ 教室里有点**冷**。

分析

汉语的"寒"和"冷"是同义词,但是"寒"一般不能作谓语。例①的"很寒"、例②的"有点寒"都作了谓语,句子不成立,"寒"应改为"冷"。

日语中"寒"和"冷"不分,都是"寒い","寒い"与汉语的"寒"有相同的汉字"寒",受此影响,日本学生常用"寒"代替汉语的"冷"。

四、重叠式使用中的错误

(一) 误用重叠式

例句

误：

① *我们的教室**干干净净**，他们的却很脏。

② *北京大学**漂漂亮亮**，我很喜欢。

正：

③ 我们的教室**干干净净的**，他们的却很脏。/我们的教室**很干净**，他们的却很脏。

④ 北京大学**漂漂亮亮的**，我很喜欢。/北京大学**很漂亮**，我很喜欢。

分析

形容词重叠式作谓语一般要带"的"。例①的"干干净净"、例②的"漂漂亮亮"后面没有"的"，因此句子不成立，"干干净净"、"漂漂亮亮"后面应该加上"的"，也可以把"干干净净"、"漂漂亮亮"分别改为"很干净"和"很漂亮"。

日本学生出现这种错误，是过度类推的结果。形容词可以作谓语，因此他们以为形容词重叠式也可以作谓语。

(二) 漏用重叠式

例句

误：

① *大家**慢地**往前走，不要着急！

② *他跑得很快，把我**远地**落在后面。

正：

③ 大家**慢慢地**往前走，不要着急！

④ 他跑得很快，把我**远远地**落在后面。

分析

单音节形容词除了"多、少、早、晚、快、真、假"等极少数可以作状语以外，一般重叠后才能作状语。例①、例②的形容词"慢"和"远"都作了状语，句子不成立，"慢"应改为"慢慢"，"远"应改为"远远"。

日本学生出现这种错误，大概是过度类推的结果。汉语中有些单音节形容词可以作状语，正因为如此，他们以为单音节形容词都可以作状语。汉语双音节形容词作状语一般要带"地"，所以他们以为单音节形容词带"地"就可以作状语了。

(三) 重叠方式错误

例句

误：

① ＊下个星期一考试，我要**认真认真**地复习。

② ＊他刚从外边回来，手**冰冰凉凉**的。

正：

③ 下个星期一考试，我要**认认真真**地复习。

④ 他刚从外边回来，手**冰凉冰凉**的。

分析

双音节形容词的重叠式有两种：性质形容词的重叠式是 AABB 式，像"高兴"，重叠式是"高高兴兴"；"急忙"，重叠式为"急急忙忙"。状态形容词的重叠式是 ABAB 式，像"碧绿"，重叠式为"碧绿碧绿"；"通红"，重叠式为"通红通红"。例①的"认真"是性质形容词，重叠式只能是"认认真真"。

例②的"冰凉"是状态形容词，重叠式只能是"冰凉冰凉"。

日本学生出现这种错误，是因为汉语双音节性质形容词（像"漂亮、干净、清楚、认真、健康"等）和双音节状态形容词（像"通红、雪白、冰凉、漆黑、笔直"等)的重叠式不同,前者的重叠式是AABB式,后者的重叠式是ABAB式。正因为这样,他们常常搞不清楚,该用AABB式时却用了ABAB式,该用ABAB式时反倒用了AABB式。

链接

形容词重叠式

1. 形容词重叠的方式。

(1) 单音节形容词。

单音节形容词的重叠式是AA(A代表形容词),AA中的第二个音节一般读第一声,口语中常常儿化。例如:

慢→慢慢儿(mànmānr)　　远→远远儿(yuǎnyuānr)

好→好好儿(hǎohāor)

(2) 双音节形容词。

双音节性质形容词的重叠式是AABB式(A、B代表形容词的两个音节),第二个音节一般轻读,即读成A·ABB。例如:

干净→干·干净净(gān·ganjìngjìng)

漂亮→漂·漂亮亮(piào·piaoliàngliàng)

清楚→清·清楚楚(qīng·qingchǔchǔ)

双音节状态形容词的重叠式是ABAB式。例如:

碧绿→碧绿碧绿

雪白→雪白雪白

通红→通红通红

2. 形容词重叠式的语法意义。

形容词重叠式作定语表示程度适中,有时还带有喜爱的感情色彩。例如:

① 他爱人**高高**的个儿,**大大**的眼睛,挺好看的。

② 那个女孩**长长**的头发,**圆圆**的脸,长得像个洋娃娃。

形容词重叠式作状语的基本语法意义是表示程度加深。例如：

① **慢慢**说，别着急！

② 这次考试一定要**认认真真**复习。

3. 可重叠的形容词和不能重叠的形容词。

形容词有的可以重叠，有的不能重叠。能重叠的都是常用的形容词或口语形容词，书面语形容词一般不能重叠。例如：

大→大大　　长→长长　　干净→干干净净

漂亮→漂漂亮亮　　困难→＊困困难难

坚强→＊坚坚强强　　痛苦→＊痛痛苦苦

此外，非谓形容词也不能重叠。例如：

男→＊男男　　　　女→＊女女

大型→＊大大型型　　彩色→＊彩彩色色

4. 形容词重叠式的语法功能。

(1) 作谓语。

形容词重叠式经常用来作谓语，但一般要带"的"。例如：

① 孩子的脸**红红的**。

② 他穿的衣服**干干净净的**。

(2) 作定语。

作定语是形容词重叠式的基本语法功能，但也要带"的"。例如：

① 你儿子**圆圆的**脸，**高高的**鼻子，挺招人喜欢的。

② 他是个**地地道道的**北京人。

(3) 作状语。

形容词重叠式经常用来作状语。例如：

① **好好**研究研究！

② **慢慢**喝！

③ 大家**和和气气**地生活在一起。

第四节　代词学习中常见的错误

一、疑问代词位置错误

例句

误：
① ＊大家喜欢吃什么，就**什么**吃。
② ＊你想去哪儿，就**哪儿**去。

正：
③ 大家喜欢吃什么，就吃**什么**。
④ 你想去哪儿，就去**哪儿**。

分析

疑问代词可以组成像"谁……谁……"、"什么……什么……"、"哪儿……哪儿……"等之类的句子，日本学生经常把后一个疑问代词放错地方。例①的"什么"、例②的"哪儿"都应该作宾语，因为汉语只能说"吃什么"、"去哪儿"，不能说"什么吃"、"哪儿去"。

日本学生出现这种错误，大概是日语影响的结果。日语的疑问代词要放在动词前面。汉语说"吃什么"、"去哪儿"，日语则分别是：

① 何を食べる？
② どこへ行く？

直译成汉语分别是"什么吃"、"哪儿去"。正因为如此，他们经常把汉语的疑问代词放在谓语动词前面。

二、误用"你"代替"您"

例句

误：

① *老师，**你**家有几个人？
② A：***你**多大岁数？
　 B：我八十岁了。

正：

③ 老师，**您**家有几个人？
④ A：**您**多大岁数？
　 B：我八十岁了。

分析

对尊长一般要用敬称"您"，不宜用"你"。例①的"老师"、例②的"你"都是尊长，"你"都应改为"您"。

日本学生出现这种错误，是日语影响的结果。汉语的"你"和"您"日语都是"あなた"，而"あなた"可以用于任何人，也就是说日语中没有专门用来称代尊长的第二人称代词。受日语影响，该用"您"时他们常常用了"你"。

三、"各"、"每"混用

例句

误：

① *我们班**每**国学生都有。
② *爸爸很忙，差不多**各**个星期天都不休息。

正：

③ 我们班**各**国学生都有。

④ 爸爸很忙，差不多**每**个星期天都不休息。

分析

"每"一般不能直接与名词（"人、家、月、星期"等除外）搭配。例①的"每"后面是名词"国"，句子不成立，"每"应改为"各"。

"各个"不能与时间词搭配。例②的"各个"与时间词"星期"搭配，句子也不成立，"各个"应改为"每个"。

"各"、"每"意义相近，用法也有相同之处，如"各"可以作名词的定语，"每"也可以作一些名词的定语。正因为这样，日本学生常常把"各"和"每"混用起来。

链接

"各"和"每"的区别：

1. "各+名词"，"名词"多表示单位、机构；"每+名词"，"名词"多为时间词。例如：

  各国 各省 各校 各单位 各处 各部门 各院校

  每日 每月 每星期

2. "每+量词+名词"，"量词"和"名词"的范围很广；"各+量词+名词"，"量词"多为"个、级、位、种、类、门、项"等，"名词"多为表示单位、机构、人物等方面的。例如：

  每个人 每次考试 每条裤子 每件衣服 每架飞机 每张纸

  各个省 各个国家 各级政府 各位老师 各种人 各类文件

3. "每+动词+数量"，"各+动词+各+的+名词"。例如：

① **每看一遍**，都有新的收获。

② **每学一课**，都要好好复习复习。

③ 我们**各吃各**的东西。

④ 大家**各做各**的作业，不准说话。

四、误用"别的"代替"另外"

例句

误:

① *有一个女人想跟**别的**三个女人出去。

② *今天考一门,**别的**一门明天考。

正:

③ 有一个女人想跟**另外**三个女人出去。

④ 今天考一门,**另外**一门明天考。

分析

汉语的"别的"和"另外"都可以表示上文所说的范围之外的人或事,但是用法不同。"别的"只能作名词的定语,不能出现在数量(名)短语前面。例①的"别的"在数量名短语"三个女人"前面、例②的"别的"在数量短语"一门"前面,句子都不成立,都应改为"另外"。

日本学生出现这种错误,是因为"别的"和"另外"具有相同的意思,因此,他们常常把二者等同起来。

五、误用"几"代替"多少"

例句

误:

① A:*你的照相机**几**块钱?
B:一千五。

② A:*这个电子词典**几**块钱?
B:三百。

正:

③ A:你的照相机**多少**钱?

B:一千五。

④ A:这个电子词典**多少**钱?

　　B:三百。

分析

"几＋量词＋名词"一般用于对"十"以下的数量进行提问。例①的"照相机"一千五(一般情况下不会低于十块),例②的"电子词典"三百(一般情况下也不会低于十块),不应该用"几","几"都应改为"多少",同时删去量词"块"。

"多少"和"几"都可以用来提问数量,而且提问的数量有交叉的地方,受此影响,日本学生有时忽视了"多少"和"几"用法上的差别,误用"几"代替"多少"。

链接

"几"和"多少"的区别:

1. "几＋量词＋(名词)"一般用来问"一"到"十"之间的数字(问序数不受此限制),"多少＋(量词)＋名词"可以用来问任何数字(序数除外)。例如:

① A:你家有**几**口人?

　　B:三口人。

② A:你弟弟**几**年级?

　　B:二年级。

③ A:她有**几**个孩子?

　　B:一个。

④ A:你们班有**多少**人?

　　B:十五个人。

⑤ A:花了**多少**钱?

　　B:六百块。

2. "几＋量词＋名词"中的"量词"不能省略,"多少＋量词＋名词"

中的"量词"可以省略。例如：

① 今天来了**几个**人？

② 你买了**几本**书？

③ 今天来了**多少**(个) 人？

④ 你买了**多少**(本) 书？

3. "几＋个、十、百、千、万、十万、百万、千万、亿"，"多少＋个、万、亿"。例如：

① 这是**几百**年以前的事。

② 这次出国旅游花了**几万**块。

③ 这个城市有**几百万**人口？

④ 今年税收增加了**多少亿**？

4. "几"一般用来问序数，"多少"一般不用来问序数。例如：

① A：现在**几**点？

　B：十二点。

② A：今天**几**号？

　B：二十号。

③ A：你住**几**层？

　B：十九层。

5. "几＋量词"前可以出现"哪"，"多少＋量词"前则不能。例如：

① 你喜欢**哪几件**衣服？

② **哪几个**人不想去？

六、"怎么"、"怎么样"混用

例句

误：

① ＊明天**怎么**？

② *咱们**怎么样**去？

正：

③ 明天**怎么样**？

④ 咱们**怎么**去？

分析

"怎么"不能单独作谓语。例①的"怎么"作了谓语，句子不成立，应改为"怎么样"。

"怎么样"一般不用于提问动作行为的方式。例②的"怎么样"用于提问方式了，句子不成立，应改为"怎么"。

"怎么"和"怎么样"有着相同的组成成分，意义也有相同之处，不仅如此，用法上也有相似之处，比如都可以用在动词（短语）前进行方式的提问，正因为这样，日本学生很容易把二者混同起来。

链接

"怎么"和"怎么样"的区别：

1. "怎么"、"怎么样"都可以用来询问动作行为的方式，但是一般多用"怎么"。例如：

① **怎么**处理这件事？

② **怎么样**处理这件事？

2. "怎么"可以用来询问原因，"怎么样"不行。例如：

① 昨天**怎么**没来上课？

② *昨天**怎么样**没来上课？

3. "怎么样"可以用来询问情状，"怎么"也可以用来询问情状，但后面必须有"了"、"着"等，也就是说"怎么"不能单独作谓语。例如：

① 这件衣服**怎么样**？

② 他的汉语**怎么样**？

③ 小王**怎么**了？

④ 妈妈的手**怎么**啦?

七、误用"怎么样"代替"什么样"

例句

误:

① ＊我想知道中国人喜欢**怎么样**的演员。

② ＊你买了**怎么样**的书包?

正:

③ 我想知道中国人喜欢**什么样**的演员。

④ 你买了**什么样**的书包?

分析

"怎么样"一般不作名词的定语。例①、例②的"怎么样"分别作了"演员"和"书包"的定语,句子不成立,应改为"什么样"。

"怎么样"、"什么样"有着相同的组成成分,用法上也有共同之处,"怎么样"可以带"的"作数量名短语的定语,"什么样"也可以带"的"作数量名短语的定语,正因为如此,日本学生经常把它们混同起来。

链接

"怎么样"和"什么样"的区别:

1. "怎么样"多作状语、补语和宾语,很少作名词(短语)的定语。例如:

① **怎么样**才能学好汉语?

② 我写得**怎么样**?

③ 现在觉得**怎么样**? 好一些了吗?

2. "什么样"一般作名词(短语)的定语,不能作状语、补语和宾语。例如:

① 他是一个**什么样**的人?

② 你喜欢**什么样**的东西?

③ 这儿**什么样**的衣服都有。
3. "怎么样"、"什么样"都可以作数量名短语的定语。例如：
① 山本是**怎么样**(的) 一个学生？
② 那所大学是**怎么样**(的) 一所大学，事先必须搞清楚。
③ 你还不知道他是**什么样**(的) 一个人？
④ 那是**什么样**(的) 一所大学？

第五节　数词、量词学习中常见的错误

一、误用"二"代替"两"

例句

误：
① ＊现在二点。
② ＊我有二个妹妹。
③ ＊二千九百。

正：
④ 现在**两**点。
⑤ 我有**两**个妹妹。
⑥ **两**千九百。

分析

"二"不能用在量词"点"、"个"前面。例①、例②的"点"、"个"前面都用了"二"，"二"应改为"两"。

"千"为最高位数时，前面不能用"二"。例③"千"前面用了"二"，"二"应改为"两"。

日本学生出现这种错误，大概有两个原因。一是日语的影响。汉

语的"二"和"两"日语都是"に"(二)和"ふたつ",也就是说日语中"二"和"两"不分,受此影响,他们常用"二"代替"两"。二是"二"和"两"意义相同,用法上也有一些共同之处,正因为如此,所以他们常常把二者等同起来,该用"两"时却用了"二"。

链接

"二"和"两"的区别：

1. 分数、小数、序数中用"二"。例如：

   ½(二分之一)　2 ½(二又二分之一)

   2.2(二点二)　3.02(三点零二)　82.22(八十二点二二)

   第二　老二　二级

2. 号码中用"二"。例如：

   212(二幺二)　522(五二二)

3. "两"可以用在所有量词前面,"二"只能用于传统度量衡单位量词前。例如：

   两个人　两件衣服　两瓶酒　两次　两米　两斤　两里

   *二个人　*二件衣服　*二瓶酒　*二次　*二米　二斤　二里

4. "十"、"百"、"千"、"万"、"亿"前有的用"二",有的用"两",大致情况如下表：

位数	开头位置	其他位置
十	二 (例:二十)	二 (例:一百二十五)
百	二、两 (例:二百、两百)	二 (例:一千二百三十)
千	两 (例:两千)	二、两 (例:一万二(两)千八百)
万	两 (例:两万)	两 (例:一亿零两万三千)
亿	两 (例:两亿)	二 (例:一百零二亿)

二、百分数读法错误

例句

误：
① 80％ ＊八十百分
② 55％ ＊五十五百分

正：
③ 80％ **百分之八十**
④ 55％ **百分之五十五**

分析

汉语的百分数是先读分母，再读分子。例①、例②都应该先读分母"百分之"，然后再读分子"八十"和"五十五"。

日本学生出现这种错误，是日语影响的结果。日语百分数的读法与汉语相反，是先读分子，再读分母。例如：

① 50％ ごじゅうパーセント
② 65％ ろくじゅうごパーセント

以上二例直译成汉语分别是"五十百分"、"六十五百分"。受此影响，他们经常先读分子，后读分母。

三、误把"增加2倍"、"增加了2倍"跟"增加到2倍"等同起来

例句

误：
① 去年我的收入是1万元，今年**增加**2倍。
　＊今年收入＝1万×2＝2万（元）
② 去年我的收入是1万元，今年**增加了**2倍。
　＊今年收入＝1万×2＝2万（元）

正：

③ 去年我的收入是1万元，今年**增加**2倍。

今年收入＝1万＋2×1万＝3万(元)

④ 去年我的收入是1万元，今年**增加了**2倍。

今年收入＝1万＋2×1万＝3万(元)

分析

"增加2倍"是说增加的是原来的两倍，"增加了2倍"与"增加2倍"一样。"增加到2倍"是说增加的和原来的之和是原来的两倍。例①原来是1万，增加2倍以后应该为：1万＋2×1万＝3万，例②应是：1万＋2×1万＝3万。

"增加2倍"、"增加了2倍"、"增加到2倍"组成成分大致相同，正因为如此，日本学生误以为三者意思也相同。

四、误用或误解"×折"

例句

误：

这件衣服原价100块，二折卖给你。

＊这件衣服80块钱。

正：

这件衣服原价100块，二折卖给你。

这件衣服20块钱。

分析

二折意思为以商品原来价格的20%卖出，商品价格为100块，所以应该20块。

汉语的"×折"是指实际卖出的价钱跟原价的比例，而日语的"×割り"（相当于汉语的"×折"）是指降价的幅度跟原价的比例，正因为这样，日本学生有时用日语的"×割り"去类推汉语的"×折",因而出现误用或误解。

五、"半"位置错误

例句

误:

① ＊我们等了一个小时半。

② ＊一个月半以后我就回国了。

正:

③ 我们等了一个半小时。

④ 一个半月以后我就回国了。

分析

汉语的"半"只能位于量词后面。例①的"半"在名词"小时"后面、例②的"半"在名词"月"后面,位置都不对,"半"应放在量词"个"后面。

日本学生出现上面的问题,是日语影响的结果。"一个半小时"、"一个半月"用日语表达分别为:

① 一時間半。

② 一か月半。

直译成汉语分别是"一个小时半"、"一个月半"。受日语影响,他们常把汉语的"半"放在"小时"和"月"后面。

链接

表示时间的"半"的使用情况:

词语	"半"的位置
年	一年半
周	一周半
星期	一个半星期
天	一天半

续表

分	一分半
月	一个半月
学期	一个半学期
季度	一个半季度
世纪	一个半世纪

六、误用"左右"代替"前后"

例句

误：

① *"十一"**左右**我回国。

② *春节**左右**他要结婚。

正：

③ "十一"**前后**我回国。

④ 春节**前后**他要结婚。

分析

"左右"一般用在"数词+(量词)"后面表示概数,不能用在表示时间的名词后面。例①、例②的"十一"和"春节"都是表示时间的名词,后面用了"左右",句子不成立,"左右"应改为"前后"。

"左右"和"前后"都可以表示某一时间稍前到稍后的一段时间,而且用法也有相同之处,如,可以说"八点左右",也可以说"八点前后"。正因为如此,日本学生常常把它们混同起来。

链接

"左右"、"前后"的区别：

1. "左右"一般用在"数词+(量词)"后面。例如：

　　三十(岁)**左右**　　一星期**左右**

　　一个月**左右**　　　一百五十(斤)**左右**

这种概数多用于表示年龄、时间、长度、重量等。

2. "前后"一般用在表示时间的名词后面。例如：

　　新年**前后**　　春节**前后**　　"五一"**前后**

3. 量词为"点"、"号"等时，"数词＋量词"后边既可以用"左右"，又可以用"前后"。例如：

① 六点**左右(前后)** 出发。

② 十号**左右(前后)** 有一场大雪。

七、"多"位置错误

例句

误：

① ＊我们走了一个小时**多**了，应该休息休息。

② ＊我现在六十公斤**多**。

正：

③ 我们走了一个**多**小时了，应该休息休息。

④ 我现在六十**多**公斤。

分析

数词为"十"以下的数时，"多"要放在量词后面。例①的"多"放在了名词"时间"后面，位置错误，应放在"个"后面。

数词为"十"和"十"的整数倍时，"多"应放在量词前。例②的"多"放在了量词"公斤"的后面，位置也不对，应放在"公斤"前面。

日本学生出现例①这种错误，显然是受到了日语的影响。因为"一个多小时"日语为"一時間あまり"，直译成汉语是"一（个）小时多"。

例②这种错误的出现，也是日语影响的结果。"多"日语为"以上"，而"以上"要用在量词后面，像"六十多公斤"日语为"六十キロ以上"，直译成汉语为"六十公斤多"。受日语的影响，他们往往把汉语的"多"放在量词后面。

链接

表示概数的"多"的位置：

1. "数词＋量词＋多"（数词为"十"以下的数，包括"十"，或不是"十"的整数倍的数）。例如：

　　三斤多　一年多　五块多钱　九个多月

2. "数词＋多＋量词"（数词为"十"和"十"的整数倍的数）。例如：

　　三十多个　二十多年　一百多斤　一千多块

3. "数词＋多＋位数（万、亿）＋量词"（数词为"十"和"十"的整数倍的数）。例如：

　　十多万吨　二十多万年以前　十多亿人口

注意

数词为"十"，量词为度量衡单位时，"多"可以出现在量词前，也可以出现在量词后，但是意思不同。试比较：

十多斤－十斤多

十多米－十米多

"十多斤"表示超过十斤，但不到二十斤；"十斤多"表示超过十斤，但不到十一斤。"十多米"表示超过十米，但不到二十米；"十米多"表示超过十米，但不到十一米。

八、"来"位置错误

例句

误：

① ＊我只有十块来钱。

② ＊那个城市很小，只有十万来人。

正：

③ 我只有十来块钱。

④ 那个城市很小，只有十来万人。

分析

数词为"十"时，表示概数的"来"只能位于量词前。例①的"来"应该放在"块"前面。量词为位数"万"时，"来"只能位于位数前。例②的"来"应放在"万"前面。

日本学生出现这种错误，大概有两个原因。一是日语的影响。日语中与"来"相当的"ぐらい"、"ばかり"和"ほど"只能位于量词后面，受此影响，他们以为"来"也位于量词后面。二是过度类推的结果。"来"有时可以出现在量词后面，正因为如此，他们误以为"来"什么情况下都可以出现在量词后面。

链接

表示概数的"来"的位置：

1. "数词＋量词＋来＋形容词/名词"（数词为"十"以下的数，包括"十"，或不是"十"的整数倍的数；量词为度量衡单位）。例如：

　　一米来长　　三斤来重　　五里来路

2. "数词＋来＋量词"（数词为"十"和"十"的整数倍的数）。例如：

　　三十来个　　一百二十来斤　　二百五十来块　　两千来天

3. "数词＋来＋位数（万、亿）＋量词"（数词为"十"和"十"的整数倍的数）。例如：

　　十来万吨　　二十来万年以前　　十来亿个

九、误用"分"代替"分钟"

例句

误：

① ＊二十分吃不完。

② ＊从我家到学校坐车用了三十分。

正：

③ 二十分钟吃不完。

④ 从我家到学校坐车用了三十分钟。

分析

汉语的"分"多用来表示时点,"分钟"表示时段。例①、例②的"二十"、"三十"都是时段,后面都用了"分",句子不成立,"分"应改为"分钟"。

日本学生出现这种错误,是日语影响的结果。日语的"分"既可以表示时点,也可以表示时段。例如：

① A：何時ですか？

　B：一時二十分。

② 家からここまで30分かかりました。

"一時二十分"意思为"一点二十分","30分かかりました"意思为"花了三十分钟",前者的"分"表示时点,后者的"分"表示时段。受此影响,他们经常用"分"代替"分钟"。

链接

"分"和"分钟"的区别：

1. 日常生活中"分"一般表示时点,"分钟"表示时段。例如：

① 十二点四十分开始上课。

② 现在九点十分。

③ 三十分钟不够用。

④ 吃饭用了十分钟。

2. 体育竞赛中常用"分"表示时段。例如：

① 他的百米成绩是一分十一秒。

② 那个马拉松运动员用了两小时三十分才跑完全程。

十、误用"回"代替"次"

例句

误:
① *我三**回**访问中国。
② *这个月只开了一**回**会。

正:
③ 我三**次**访问中国。
④ 这个月只开了一**次**会。

分析

"数词+回"不能与"访问"、"会"搭配。例①、例②的"回"都应改为"次"。

日本学生出现这种错误,是日语影响的结果。汉语的量词"回"和"次"日语都是"回",也就是说日语中"回"和"次"是不分的。正因为这样,所以该用"次"时他们常用"回"。

链接

"回"和"次"的区别:

1. "数词+回"多与"去、说、问"等口语类动词搭配。例如:

① 那个地方我去过一**回**。
② 这事他说过三**回**了。
③ 我问他好几**回**了,他都没告诉我。

2. "数词+次"既可以与口语类动词搭配,也可以与书面语动词搭配。例如:

① 那个地方我去过三**次**了。
② 他说过一**次**。
③ 我们已经讨论一**次**了。

④ 调查**一次**需要一个月的时间。

3. "回"可以用作"事"的量词,"次"不能。例如:

① 这是怎么**一回**事?

② 咱们两个说的是两**回**事。

4. "次"可以与"会、会议"等搭配,"回"不行。例如:

① 这个月就开了**一次**会。

② 上**次**会议他没参加。

十一、"年"、"周"前误用量词"个"

例句

误:

① *我学了一个年汉语。

② *一个周以后就考试。

正:

③ 我学了一年汉语。

④ 一周以后就考试。

分析

汉语的"年"、"周"是量词,只能说"一年"、"一周",不能说"一个年"、"一个周"。例①的"年"、例②的"周"前面都有量词"个",句子不成立,"个"应该删去。

日本学生出现这种错误,显然是过度类推的结果。汉语的"月"、"星期"前面可以用"个",正因为这样,他们以为"年"、"周"前面也可以用"个"。

链接

表示时间的词语的词性：

词语 \ 词性	名词	量词
年		√ （例：两年）
月	√ （例：三个月）	
日（天）		√ （例：一日（天））
周		√ （例：五周）
星期	√ （例：四个星期）	
学期	√ （例：两个学期）	
季度	√ （例：两个季度）	
学年	√ （例：一个学年）	
世纪	√ （例：半个世纪）	

十二、误用"一个"

例句

误：

① *我家有一个爸爸、一个妈妈和一个弟弟。

② *我有一个爷爷，没有奶奶。

正：

③ 我家有爸爸、妈妈和一个弟弟。

④ 我有爷爷，没有奶奶。

分析

"爷爷、奶奶、姥爷、姥姥、爸爸、妈妈"对一个人来说一般只有一个，这是不言而喻的，因此前面不需要加上数量短语"一个"。如果加上数量短语，则带有申辩或强调的意思。试比较：

① 我有奶奶。

② 我只有**一个**奶奶，爷爷已经去世了。

前一例是叙述，后一例明显带有申辩的意思。

日本学生出现这种错误，是过度类推的结果。汉语大部分亲属名词，像"哥哥、弟弟、姐姐、妹妹、叔叔、伯父、伯母"等前面都可以用上"一个"，受此影响，他们以为"爷爷、奶奶、姥爷、姥姥、爸爸、妈妈"等前面也可以用上"一个"。

十三、数量短语位置错误

例句

误：

① ＊我**一年**学了汉语。

② ＊他在北大**四年**住了。

正：

③ 我学了**一年**汉语。

④ 他在北大住了**四年**。

分析

汉语表示动作行为持续的时间的数量短语一般要放在动词后面，如果动词有宾语，就放在宾语前面。例①的"一年"是"学"持续的时间，例②的"四年"是"住"持续的时间，却分别放在"学"和"住"的前面了，位置不对，"一年"应放在"学了"的后面、"汉语"的前面，"四年"应该放在

"住了"的后面。

　　日本学生出现这种错误，显然是日语影响的结果。日语表示时段的词语要放在谓语动词前面。例①、例②用日语表达分别如下：

　　① 私は一年間中国語を勉強しました。

　　② 彼は四年間北京大学に住んでいました。

　　以上二例中的"一年"、"四年"分别在谓语动词"勉強する"（学）和"住む"（住）的前面。受此影响，他们常常把汉语中表示时段的数量短语也放在谓语动词前面。

十四、"动词＋了＋名词"中的"名词"前漏用数量短语

例句

误：

　　① *昨天我和朋友看了**电影**。

　　② *我们在那家商店买了**东西**。

正：

　　③ 昨天我和朋友看了**一场电影**。

　　④ 我们在那家商店买了**一些东西**。

分析

　　汉语的"动词＋了＋名词"一般不能单独成句，名词前面加上数量短语以后，就没有问题了。例①的"电影"、例②的"东西"前面都没有数量短语，因此句子不成立，"电影"前面应加上"一场"，"东西"前面应加上"一些"。

　　日本学生出现这种错误，也是日语影响的结果。例①、例②用日语表达分别如下：

　　① 昨日私は友達と映画を見ました。

　　② 私たちはあの店で買い物をしました。

以上二例直译成汉语分别是"昨天我和朋友看了电影"、"我们在那家商店买了东西"。正因为如此,他们使用汉语时"动词+了+名词"中的"名词"前常常不用数量短语。

第六节　副词学习中常见的错误

一、"不"、"没"混用

例句

误:

① *他**不**有钱。

② A:昨天我很累,你呢?
　B:*我**没有**累。

正:

③ 他**没有**钱。

④ A:昨天我很累,你呢?
　B:我**不**累。

分析

"有"只能用"没"否定,不能用"不"。例①的"有"用"不"否定了,句子不成立,"不"应改为"没"。

"不"用在形容词前,表示对性质的否定。例②否定的是性质,但用了"没有",句子也不成立,"没有"应改为"不"。

日本学生出现例①这样的错误,有两个原因。一是日语的影响。"有"日语为"ある"、"いる",否定形式分别为"ありません"和"いません",而"ません"相当于"不",正因为如此,他们很容易把"有"的否定说成"不有"。二是过度类推的结果。汉语的动词绝大多数可以用"不"否

定,因此他们误以为"有"也可以用"不"否定。

例②这种错误的出现,是日语影响的结果。例②用日语表达是:

私は疲れませんでした。

"ませんでした"是"ません"的过去式,相当于"没(有)",整个句子直译成汉语就是"我没(有)累"。受此影响,日本学生常用"没(有)"否定形容词。

链接

形容词的否定:

1. "不"用在形容词前,表示对性质的否定。例如:

   ① 今天**不**热。

   ② 汉语**不**难。

   ③ 我们的房间**不**大。

2. "没(有)"用在形容词前,否定性质或状态的出现。例如:

   ① 天黑了。→天**没(有)**黑。

   ② 我糊涂了。→我**没(有)**糊涂。

3. "没(有)+这么/那么+形容词",表示不同意别人的看法。例如:

   ① A:你真漂亮!

   　 B:我**没(有)那么漂亮**。

   ② A:我觉得汉语非常难。

   　 B:汉语**没(有)那么难**。

二、"刚"、"刚刚"与"了"同现

例句

误:

① *我们**刚**下课**了**。

② *大家刚刚吃完午饭了。

正：

③ 我们**刚**下课。/我们下课了。

④ 大家**刚刚**吃完午饭。/大家吃完午饭了。

分析

"刚"、"刚刚"表示动作行为在前不久发生，意味着行为动作已经"实现"；语气助词"了"表示行为动作的实现，因此用了"刚"、"刚刚"就没有必要用"了"。例①的"刚"和"了"、例②的"刚刚"和"了"都出现在一个句子中了，句子都不成立，应删去"了"或"刚"、"刚刚"。

日本学生出现以上错误，是日语影响的结果。例①、例②用日语表达分别为：

① 私たちは授業が終ったところです。

② みんなはご飯を食べたばかりです。

以上二例中的"た"相当于"了"，"ところ"和"ばかり"意思为"刚"、"刚刚"，即日语的"了"和"刚"、"刚刚"可以同现。受此影响，他们常把汉语的"刚"、"刚刚"和"了"也用在同一个句子中。

三、"经常"、"常常"与"了"同现

例句

误：

① *去年日本**经常**刮台风了。

② *来中国以后，我**常常**感冒了。

正：

③ 去年日本**经常**刮台风。/去年日本刮台风了。

④ 来中国以后，我**常常**感冒。/来中国以后，我感冒了。

分析

"经常"、"常常"表示经常性的动作行为,不能与"了"出现在同一个句子中。例①的"经常"和"了"、例②的"常常"与"了"都用在一个句子中,句子不成立,应删去"了"或"经常"、"常常"。

日本学生出现这样的问题,同样是日语影响的结果。例①、例②用日语表达分别是:

① 去年日本には台風がよく吹きました。

② 中国へ来てから、私はよく風邪を引きました。

以上二例中的"よく"意思为"经常"、"常常","た"相当于"了",也就是说日语中"经常"、"常常"与"了"是共现的。正因为如此,他们以为汉语的"经常"、"常常"和"了"也可以出现在同一个句子中。

四、"才"、"了"同现

例句

误:

① *我们才从中国回来了。

② *他才写完作业了。

正:

③ 我们才从中国回来。/我们从中国回来了。

④ 他才写完作业。/他写完作业了。

分析

汉语的"才"表示动作行为在前不久发生,意味着动作行为已经"实现";语气助词"了"表示行为动作的实现,因此用了"才"就没有必要用"了"。例①、例②中既有"才",也有"了",句子不成立,应删去"了"或"才"。

日本学生出现这种错误,也是日语影响的结果。例①、例②用日语表达分别为：

① 私たちは中国から帰ってきたばかりです。

② 彼は宿題をしたばかりです。

以上二例中的"た"相当于"了"，"ばかり"意思为"才"，即日语的"才"和"了"用在同一个句子中。受此影响，他们把汉语的"才"和"了"也用在同一个句子中。

链接

语气助词"了"的用法：

1. "名词＋了"。例如：

① **春天了**，不会再冷了。

② **小伙子了**，还哭呢！

③ 都**大学生了**！时间过得真快！

2. "动词＋了"。例如：

① **走了**！**走了**！

② A：饭**做了**吗？

　　B：**做了**。

③ 门**开了**。

3. "形容词＋了"。例如：

① A：春节快到了，猪肉价格怎么样？还那么贵吗？

　　B：**便宜了**。

② 教室里**凉快了**！

③ 妈妈的头发**白了**。

4. "动词＋宾语＋了"。例如：

① **下雨了**！

② **吃饭了**！

③ **起床了**！

5. "动词＋了＋宾语＋了"。例如：
   ① 我已经**吃了**早饭**了**。
   ② 孩子已经**洗了**澡**了**。
   ③ 我们**学了**这个汉字**了**。
6. "动词＋了＋数量＋了"。例如：
   ① **等了**一天**了**。
   ② **下了**两天**了**。
   ③ 弟弟又**长了**一公分**了**。
7. "数量(名)＋了"。例如：
   ① **一个星期了**，雨还不停。
   ② **五十岁了**，不是年轻人了！
   ③ **三十个人了**，够了！
8. "快……了"、"要……了"、"快要……了"。例如：
   ① **快**考试**了**。
   ② **要**下雨**了**！
   ③ 我们**快要**放假**了**。

五、"常常"、"经常"与"过"同现

例句

误：
   ① ＊我喜欢吃寿司，所以**常常**去**过**寿司店。
   ② ＊冬天我们**经常**滑**过**雪。
正：
   ③ 我喜欢吃寿司，所以**常常**去寿司店。/我喜欢吃寿司，所以去**过**寿司店。
   ④ 冬天我们**经常**滑雪。/冬天我们滑**过**雪。

分析

"常常"、"经常"表示经常性的动作行为,谓语动词后面不能出现"过"。例①的"去"、例②的"滑"后面都有"过",句子都不成立,应删去"过"或"常常"和"经常"。

日本学生出现这样的问题,也是日语影响的结果。例①、例②用日语表达分别如下:

① 私はお寿司がすきなので,よく寿司屋へ行きました。

② 冬に,私たちはよくスキーをしました。

以上二例中的"よく"意思为"常常"、"经常","た"表示已经发生或实现。受此影响,他们把汉语的"常常"、"经常"与"过"也用在同一个句子中。

六、误用"从来"

例句

误:

① *爸爸**从来**喝啤酒。

② *我们家**从来**住在东京。

正:

③ 爸爸**一向**喝啤酒。

④ 我们家**一直**住在东京。

分析

"从来"表示从过去到现在都是这样,多用于否定句。例①、例②都是肯定句,都不应该用"从来"。例①的"从来"应改为"一向",例②的"从来"应改为"一直"。

日本学生出现这种错误,大概是日语影响的结果。日语中与汉语"从来"相当的是"いままで"、"これまで",它们既可以用于肯定句,也

可以用于否定句。正因为这样,所以日本学生以为汉语的"从来"也可以用于肯定句。

七、误用"甭"

例句

误:

① *甭忘了这件事!

② *明天甭下雨,我们有足球比赛呢!

正:

③ 别忘了这件事!

④ 明天可别下雨,我们有足球比赛呢!

分析

"甭"、"别"虽然是近义词,但是用法却不完全相同。"甭"只能用于对自主动词进行否定,非自主动词不能用"甭"否定。例①的"忘"、例②的"下"都是非自主动词,前面都用了"甭",句子不成立。例①的"甭"应改为"别",例②的"甭"也应改为"别","别"前还应加上"可",表示强调。

日本学生出现这种错误,显然是把"甭"和"别"混同起来了。

链接

"甭"和"别"的区别:

甭

1. 表示劝阻,禁止,只能用于自主动词前面。例如:

① 您甭跟他生气。

② 工作没干完,甭想回家。

2. 表示不需要。例如:

那点活儿我一个人就行,你就甭去了。

3. 用于口语。

别

1. 表示劝阻,禁止,可以用于动词和形容词前面。例如:

   ① 您**别**跟他生气。

   ② **别**说了,该上课了!

   ③ **别**着急!

2. 表示揣测,经常与"是"搭配,用于不如意的事情。例如:

   ① 他现在还没来,**别**是忘了吧。

   ② 你全身不舒服,**别**是感冒了吧。

3. 用于口语和书面语。

八、连动句、兼语句中"不"、"没(有)"等位置错误

例句

误:

① *他坐飞机**没**去上海。

② *妈妈让我**不**去。

正:

③ 他**没**坐飞机去上海。

④ 妈妈**不**让我去。

分析

否定副词一般放在连动句、兼语句第一个动词(短语)前面。例①的"没"放在第二个谓语动词"去"前面了,位置错误,应放在"坐"前面。

例②的"不"放在第二个谓语动词"去"前面了,位置也不对,应放在"让"前面。

日本学生出现这种错误,是日语影响的结果。例①、例②用日语表达分别为:

① 彼は飛行機で上海へ行きませんでした。

② お母さんは私に行かせません。

这二例直译成汉语分别是"他坐飞机没去上海"、"妈妈让我不去"，即日语都是对最后一个动词进行否定。受日语影响，他们常常把否定副词放在连动句、兼语句的最后一个动词（短语）前面。

链接

连动句、兼语句中否定副词的位置：

1. 连动句、兼语句中，否定副词一般放在第一个动词（短语）前面。例如：

① **不**用自己的钱买东西。

② **没**有时间考虑。

③ **别**躺着睡觉！

④ 妈妈**不**让我告诉你。

⑤ 你**不**嫌他话多？

2. 对"有＋数量＋动词（短语）"进行否定，否定副词只能放在动词（短语）前面，不能放在"有"前面。例如：

① 有个人**没**离开。

② 有几个人**不**走。

九、"都"使用中的错误

（一）"都"的位置错误

例句

误：

① ＊我们**都**每星期有考试。

② ＊大家**都**这些地方去过。

正：

③ 我们每星期**都**有考试。

④ 大家这些地方**都**去过。

分析

"都"多放在被总括的词语后面。例①的"都"总括的是"每星期"，但却放在它前面了，位置不对，应放在"每星期"后面。

例②的"都"总括的是"这些地方"，却放在它前面了，位置也不对，应放在"这些地方"后面。

日本学生出现这种错误，是因为"都"总括的对象一般在"都"前面，但主语为疑问代词时，口语中有时可以在"都"后面。例如：

① **都**谁想回国？

② **都**哪儿不舒服？

大概受此影响，他们把"都"放在了小主语前面。

(二)"都"的否定错误

例句

误：

① ＊我们**不都**会说汉语。

② ＊第一课的生词**不都**会写。

③ ＊他们**不都**住在学校里面。

正：

④ 我们**不是都**会说汉语。

⑤ 第一课的生词**不是都**会写。

⑥ 他们**不是都**住在学校里面。

分析

用"不"对"(主语)＋都＋动词(短语)"进行部分否定时，不能在"都"前面直接加上"不"(动词为"是"的除外)，而要在"都"前面加上"不是"。例①、例②、例③都是在"都"前直接加上"不"，所以句子不成立，"不"应改为"不是"。

日本学生出现这种错误,是过度类推的结果。汉语的否定副词一般放在被否定的成分前面,所以他们以为对"(主语)＋都＋动词(短语)"进行否定也是直接在"都"前面加上否定副词。

十、"还"、"又"、"再"混用

例句

误:

① *明天我**又**来上课。

② *老师**再**讲了一遍,我还不会。

正:

③ 明天我**还**来上课。

④ 老师**又**讲了一遍,我还不会。

分析

"又"有"重复"的意思,但多用于已经发生的动作行为。例①表示的是将来的动作行为,却用了"又",因此句子不成立,"又"应改为"还"。

"再"也有"重复"的意思,但用于未发生的动作行为。例②表示的动作行为已经发生,但用了"再",所以句子不成立,"再"应改为"又"。

"又"、"再"都可以表示动作行为重复,"还"着眼于动作行为的继续或状况的持续。正因为这些词意义相同或相近,所以日本学生很容易把它们混同起来。

链接

"还"、"又"、"再"的区别:

还

1. 表示动作行为继续或状况的持续,含有"仍然"、"仍旧"的意思,用于未发生的动作行为或状况时,句子中常有"会"、"要"、"想"等能愿动词。例如:

① 他**还**在睡觉呢!

② 明年我**还**来这儿。

③ 爸爸**还**会批评我吗?

④ 看了一遍,他**还**想看一遍。

2. 表示项目、数量增加,范围扩大。例如:

① 我会汉语,**还**会英语。

② 他去过北京,**还**去过上海。

又

1. 表示动作行为重复发生,多用于已经发生的动作行为。例如:

① 昨天你来了,今天你**又**来了。

② 妹妹把衣服**又**洗了一遍。

③ 吃完饭以后,他**又**去了图书馆。

2. 表示相继发生的动作行为。例如:

① 他吃了两个馒头以后,**又**喝了一碗粥。

② 刚从国外回来,怎么**又**去上海了?

再

1. 表示动作行为重复发生或继续,用于未发生的动作行为。例如:

① 今天没有时间,明天**再**来吧。

② 老师,请您**再**讲一遍!

2. 表示动作行为在另一个动作行为结束后出现。例如:

① 吃完饭**再**去吧。

② 等一会**再**告诉你。

十一、误用"又"代替"另外"

例句

误：

① *日本的年糕也是糯米做的，**又**，年糕的形状也是圆形或四边形。

② *他准备去北京、广州、哈尔滨，**又**，他还准备去上海。

正：

③ 日本的年糕也是糯米做的，**另外**，年糕的形状也是圆形或四边形。

④ 他准备去北京、广州、哈尔滨，**另外**，他还准备去上海。

分析

汉语的"又"是副词，表示动作行为重复发生或动作、状态、情况累计在一起等，后面不能出现逗号。例①、例②的"又"后面都用了"，"，显然是错误的。另外，从意思来看，例①的"日本的年糕也是糯米做的"说的是制作年糕的原料，"年糕的形状也是圆形或四边形"说的是年糕的形状，后者在前者所说的范围之外，因此用"又"不正确，"又"应改为"另外"。例②的"上海"也在"北京、广州、哈尔滨"之外，用"又"也不对，"又"也应改为"另外"。

日本学生出现这种错误，是日语影响的结果。汉语有"又"，日语也有"又"，字也相同。日语的"又"可以是连词，有"另外"的意思，而汉语的"又"没有这样的意思。受日语影响，他们常常用日语的"又"代替汉语的"另外"。

链接

"又"、"另外"的区别：

又

1. "又"，副词，表示动作行为重复发生或两个动作行为相继出现。多用于已经发生的动作行为。例如：

① 爸爸**又**喝了一瓶啤酒。

② 妹妹**又**把生词复习了一遍。

③ 下班后，妈妈**又**去接孩子去了。

2. 表示几个动作、状态、情况累计在一起。例如：

① 山本很聪明，**又**努力，所以汉语进步很快。

② 我们**又**是高兴，**又**是紧张。

另外

1. 副词，表示在上文所说的范围之外。例如：

① 我**另外**给你找一个辅导老师吧。

② 今天没有空，咱们**另外**找个时间。

2. 连词，表示此外，可以连接句子或段落。例如：

① 我想去中国留学，**另外**，还想利用这个机会到各地去看看。

② 这间房子太小，**另外**租金也比较贵，所以我不想租了。

十二、误用"再一次"

例句

误：

① ＊我想**再一次**去中国。

② ＊请**再一次**说。

正：

③ 我想**再**去**一次**中国。

④ 请**再**说**一次**。

分析

"再一次"用于书面语，并且谓语动词不能是单音节的。例①、例②都是口语说法，而且谓语动词"去"和"说"都是单音节的，但却用了"再一次"，因此句子不成立。例①的"一次"应放在"去"后面，例②的"一次"应放在"说"后面。

日本学生出现这种错误,是日语影响的结果。例①、例②用日语表达分别如下:

① 私はもういちど中国へ行きたい。

② もういちどおっしゃってください。

以上二例中的"もういちど"相当于汉语的"再一次",这两个句子直接翻译成汉语分别是"我想再一次去中国"、"请再一次说"。受此影响,不该使用"再一次"时他们却使用了。

十三、"就"位置错误

例句

误:

① ＊一放假,**就**我去旅游。

② ＊改时间以后,**就**大家可以去故宫了。

正:

③ 一放假,我**就**去旅游。

④ 改时间以后,大家**就**可以去故宫了。

分析

关联副词"就"应放在主语后面。例①、例②的"就"都放在了主语前面,所以句子不成立。例①的"就"应放在"我"后面,例②的"就"应放在"大家"后面。

这种错误的出现是过度类推的结果。汉语有些副词,像语气副词,可以出现在主语前。例如:

① **其实**我早就知道。

② **反正**这事已经过去了。

正因为如此,日本学生以为关联副词也可以出现在主语前面。

十四、"也"位置错误

例句

误：

① *这本书**也**我看过。

② *这次**也**他跟我一起去。

正：

③ 这本书我**也**看过。

④ 这次他**也**跟我一起去。

分析

主谓谓语句中，小主语为施事，"也"位于小主语后。例①的小主语"我"、例②的小主语"他"都是施事，"也"放在"我"、"他"前面了，句子不成立，应分别放在小主语"我"和"他"后面。

日本学生出现这样的错误，是日语影响的结果。日语中与"也"相当的是"も"，"も"可以放在小主语前、大主语后，也可以放在小主语后。受日语影响，他们以为"也"可以放在所有小主语前面。

十五、"一起"位置错误

例句

误：

① *我们吃午饭**一起**。

② *大家喝啤酒**一起**。

正：

③ 我们**一起**吃午饭。

④ 大家**一起**喝啤酒。

分析

副词"一起"只能放在谓语动词(短语)前面。例①、例②的"一起"都放在谓语动词短语后面了,所以句子不成立,应分别放在"吃午饭"、"喝啤酒"前面。

日本学生出现这种错误,是受英语影响的结果。例①、例②用英语表达分别如下:

① We had lunch together.

② Everybody drank beer together.

直译成汉语分别是"我们吃午饭一起"、"大家喝啤酒一起"。受此影响,日本学生常把汉语的"一起"放在谓语动词(短语)后面。

十六、误用"一点儿"代替"有点儿"

例句

误:

① *我今天**一点儿**累。

② *你的房间热**一点儿**,咱们去教室吧!

正:

③ 我今天**有点儿**累。

④ 你的房间**有点儿**热,咱们去教室吧!

分析

"一点儿"不能放在形容词前面。例①的"累"前面用了"一点儿",句子不成立,"一点儿"应改为"有点儿"。

"形容词+一点儿"用于陈述句中,表示偏离某一标准,或者含有比较、对比的意思。例②只是一种主观评价,"热"后却用了"一点儿",因此句子不成立,"一点儿"应删去,在"热"前加上"有点儿"。

例①这种错误的出现,是日语影响的结果。例①用日语表达为:

今日私は少し疲れた。

上例的"少し"相当于汉语的"一点儿",而"少し"只能放在形容词前面。正因为如此,日本学生以为汉语的"一点儿"也放在形容词前面。

日本学生出现例②这种错误,显然是忽视了"形容词+一点儿"用于陈述句中的条件,正因为如此,该用"有点儿+形容词"时却使用了"形容词+一点儿"。

链接

"有点儿"和"一点儿"的区别:

有点儿

1. "有点儿+形容词(短语)",形容词为消极方面的,像"脏、累、小、短、胖"等。例如:

① 这件衣服**有点儿小**。

② 弟弟**有点儿胖**。

2. "有点儿+形容词(短语)"只能用于陈述句中,表示主观评价,这种评价都是负面的。例如:

① 汉语**有点儿难**。

② 今天**有点儿冷**。

③ 刚才你**有点儿太过分了**!

3. "有点儿+不+形容词(短语)",形容词为积极方面的,像"干净、漂亮、好、舒服"等。例如:

① 这间屋子**有点儿不干净**。

② 肚子**有点儿不舒服**。

一点儿

1. "形容词+一点儿",形容词可以是积极方面的,也可以是消极方面的。例如:

① **快一点儿**! 车马上就要开了。

② 慢一点儿！注意安全！

③ 累一点儿没关系。

2. "形容词+一点儿"用于陈述句中，表示偏离某一标准或含有对比、比较的意思。例如：

① 鱼咸了一点儿。

② 这姑娘哪儿都好，就是**胖了一点儿**。

③ 这件比那件**好看一点儿**。

3. "形容词+一点儿"可以用于祈使句、疑问句和假设句中。例如：

① 请你**快一点儿**！

② 能**便宜一点儿**吗？

③ 要是能**早一点儿**就好了。

4. "动词+一点儿+（名词）"。例如：

① **喝一点儿**(水)吧。

② **吃一点儿**(饭)吧。

第七节 介词学习中常见的错误

一、"对……来说"位置错误

例句

误：

① ＊这是**对我来说**很了不起的大事。

② ＊在中国留学是**对她来说**一次宝贵的经验。

正：

③ 这**对我来说**是很了不起的大事。／**对我来说**，这是很了不起的大事。

④ 在中国留学**对她来说**是一次宝贵的经验。/**对她来说**,在中国留学是一次宝贵的经验。

分析

"对……来说"一般位于主语前,或位于主语后、谓语动词前。例①的"对我来说"、例②的"对她来说"都放在谓语动词"是"后面了,位置错误,应放在"是"前面;或者放在句子前面,后面用","隔开。

日本学生出现这种错误,是日语影响的结果。例①、例②用日语表达分别为:

① これは私にとってすばらしいことです。

② 中国に留学したのは彼女にとっていい経験です。

直译成汉语分别是"这是对我来说很了不起的大事"、"在中国留学是对她来说一次宝贵的经验"。受此影响,他们常把汉语的"对……来说"放错了位置。

链接

"对……来说"的用法:

1. "对……来说"表示从某人或某事的角度看问题,一般用在句子前面,并且后面有","与句子隔开。例如:

① **对他们来说**,这是一次非常重要的锻炼机会。

② **对孩子来说**,这个问题是难了一些!

③ **对北京来说**,2008年奥运会是一个极好的发展机遇。

2. "对……来说"也可以用在谓语动词前。例如:

① 这点钱**对他来说**算不了什么。

② 打高尔夫**对爸爸来说**就是工作。

③ 买车**对他来说**是一件很遥远的事情。

二、误用"对"

例句

误：

① *下一次，我说**对**墨和纸。

② *爸爸问我**对**学习情况。

正：

③ 下一次，我说墨和纸。

④ 爸爸问我学习情况。

分析

汉语的"对……"不能放在动词后面。例①的"对墨和纸"放在了"说"后面，例②的"对学习情况"放在了"问"后面，所以句子不成立，"对"都应该删去。

日本学生出现这种错误，是英语影响的结果。例①、例②用英语表达分别如下：

① Next time, I'll talk about ink and paper.

② My father asked me about my study.

以上二例直译成汉语分别是"下一次，我说对墨和纸"、"爸爸问我对学习情况"，他们把"about"直接对译成了"对"，并把"对……"放在了谓语动词后面。

三、误用"对"代替"对……来说"

例句

误：

① *汉字**对**美国人很难。

② ***对**日本人天气是一个非常重要的话题。

正：

③ **对美国人来说**，汉字很难。

④ **对日本人来说**，天气是一个非常重要的话题。

分析

"对"指示动作的对象，表示对待；"对……来说"表示从某人或某事的角度来看问题，二者有着明显的不同。例①的"对美国人"应改为"对美国人来说"，并且"对美国人来说"应该放在句子前面，用"，"跟后面的部分隔开，表示从美国人的角度来看"汉字"。

例②的"对日本人"应改为"对日本人来说"，而且"对日本人来说"后面也应加上"，"，表示从日本人的角度来看"天气"这个问题。

日本学生出现这样的错误，是日语影响的结果。"对"和"对……来说"日语都是"にとって"，即日语中"对"和"对……来说"不分。受日语影响，该用"对……来说"时他们常用了"对"。

四、误用"对于"代替"对"

例句

误：

① ＊我**对于他**很好。

② ＊他是学习中国法律的，应该**对于中国的法律**非常了解。

正：

③ 我**对他**很好。

④ 他是学习中国法律的，应该**对中国的法律**非常了解。

分析

"对"表示"对待"，用于人和人之间的关系；"对于"也可以表示"对待"，但一般不能用于人和人之间的关系。例①表示人和人之间的关系，却用了"对于"，句子不成立，应改为"对"。

"对于……"不能用在能愿动词后面。例②的"对于……"用在能愿动词"应该"后面了，句子不成立，应改为"对"。

日本学生出现这种错误，有两个原因。一是"对"和"对于"日语都是"にとって"、"に対する"，因此，他们以为"对"和"对于"也相同。二是汉语的"对"、"对于"意义相近，用法上也有相同之处，像"对……"要用在动词（短语）或形容词（短语）前面，"对于"也同样要用在它们前面，正因为这样，所以他们也容易把二者等同起来。

链接

"对"、"对于"的区别：

对

1. 指示动作的对象。例如：

① 他**对我**笑了笑。

② 妈妈**对弟弟**说："明天再去，可以吗？"

2. 表示对待。

可以用于人和人之间的关系，也可以用在能愿动词、副词的前或后。例如：

① 老师**对我们**很好。（"对"用于人和人之间的关系）

② 他**对客人**不热情。（"对"用于人和人之间的关系）

③ 我们会**对他的住处**做出安排的。（"对……"用在能愿动词后）

④ 他**对这件事**会有看法的。（"对……"用在能愿动词前面）

对于

"对于"表示对待，它后面的成分可以是动作行为的受事，也可以是动作行为涉及的事物。一般不能用于人和人之间的关系，也不能用在能愿动词后面。例如：

① 领导**对于这件事情**有什么看法？

② 抽烟**对于身体**没什么好处。

③ *老师**对于**我们很好。

④ *我们会**对于**他的住处做出安排的。

注意

能用"对于"的地方,一般都能用"对";但能用"对"的地方,有的不能用"对于"。"对"多用于口语,"对于"多用于书面语。

五、误用"关于"代替"对于"

例句

误:

① ***关于**你的帮助,我们非常感谢。

② ***关于**这个语法,你要多注意。

正:

③ **对于**你的帮助,我们非常感谢。

④ **对于**这个语法,你要多注意。

分析

"关于"表示关联、涉及的事物,不能用于对象。例①的"你的帮助"是"感谢"的对象,例②的"这个语法"是"注意"的对象,都不应该用"关于","关于"应改为"对于"。

日本学生出现这种错误,原因在于"对于"和"关于"意义比较抽象,而且又相近,因此,很容易混淆起来。此其一。其二,日语中与"关于"意思相当的"にとって"、"について"也有"对于"的意思。受日语影响,他们以为汉语的"关于"、"对于"也相同。

链接

"关于"、"对于"的区别:

1. "关于……"作状语,只能位于主语前;"对于……"可以位于主

语前,也可以位于主语后。例如:

① **关于汉字的起源**,我知道的很少。

＊我**关于汉字的起源**知道的很少。

② **对于这件事**,我有一些看法。

我**对于这件事**有一些看法。

2. "关于"表示关联、涉及的事物,"对于"指示动作行为的对象。例如:

① **关于这件事**,历史上有不少传说。

② **对于你们的帮助**,我们非常感激。

3. "……问题"、"……事"等作宾语时,有时"关于"、"对于"可以互换。例如:

① **关于这个问题**,我有一些看法。

对于这个问题,我有一些看法。

② **关于这件事**,他还有话要说。

对于这件事,他还有话要说。

六、"在"使用中的错误

(一) 主语前误用"在"

例句

误:

① ＊**在**中国有很多有名的山。

② ＊**在**我的房间里住着两个人。

正:

③ **中国**有很多有名的山。

④ **我的房间里**住着两个人。

分析

存在句中处所词(短语)直接作主语,前面不能出现介词。例①是存在句,"中国"是处所词,但前面有介词"在",句子不成立,"在"应该删去;例②也是存在句,"我的房间"是处所短语,前面也有介词"在",句子同样不成立,"在"也应删去。

日本学生出现这样的错误,是日语影响的结果。日语的"に"和"で",与汉语的"在"相当,日语表示处所的词语,一般都要带上这两个标志,受日语影响,他们经常在汉语作主语的处所词(短语)前面误用上"在"。

注意

汉语的"在"与"に"和"で"有相同之处,也有不同之处。汉语的处所词(短语)可以直接作主语,前面不用"在";日语表示处所的词语后面一般都得带上"に"或"で"。

(二) "名词+方位词"前面漏用"在"

例句

误:

① *我们电视里看见过他。

② *很多人马路上走。

③ *大家树的下面玩麻将。

正:

④ 我们**在**电视里看见过他。

⑤ 很多人**在**马路上走。

⑥ 大家**在**树的下面玩麻将。

分析

例①的"电视里"是"我们看见过他"这个行为发生的地方,因此"电视里"前面应加上"在",组成介宾短语作状语。例②的"马路上"是"很多人走"发生的地方,"马路上"前面也应加上"在"。例③的"树的下面"是"大家玩麻将"发生的地方,"树的下面"前面同样应加上"在"。

这种错误的出现,也是日语影响的结果。日语表示处所的格助词,像"に"、"で",都放在名词(短语)后面,正因为如此,日本学生常常忘了在汉语处所词(短语)前面加上介词"在"。

(三) "在＋名词(短语)"位置错误

例句

误:

① *我吃午饭**在食堂**。

② *爸爸工作**在公司**。

正:

③ 我**在食堂**吃午饭。

④ 爸爸**在公司**工作。

分析

例①是"我"先"在食堂",然后"吃午饭","在食堂"发生在前,"吃午饭"发生在后,所以"在食堂"应放在"吃"前面。

例②是"爸爸"先"在公司",即先要到公司,然后才能工作,"在公司"发生在前,"工作"发生在后,"在公司"应该放在"工作"前面。

日本学生出现这种错误,是英语影响的结果。英语的"在＋名词(短语)"一般放在动词后面。例①、例②用英语表达分别如下:

① I'll have lunch in the canteen.

② My father works in the company.

以上二例中的"in the canteen"(在食堂)、"in the company"(在公司)分别放在动词"have"(吃)、"works"(工作)后面。受此影响,他们常常把汉语的"在＋名词(短语)"放在谓语动词后面。

链接

"在+名词(短语)"的位置:

1. "在+名词(短语)"放在谓语动词前,表示"在+名词(短语)"发生在前,谓语动词的动作行为发生在后。例如:

① 我**在图书馆**看书。(先在图书馆,再看书。)

② 爸爸**在公司**工作。(先在公司,然后再工作。)

③ 同学们都**在食堂**吃饭。(先在食堂,然后吃饭。)

2. "在+名词(短语)"放在谓语动词后,表示先发生谓语动词的动作行为,再出现"在+名词(短语)"这种结果。例如:

① 请坐**在椅子上**。(先坐,然后人才在椅子上。)

② 你的书掉**在地上**了。(先掉,然后书才在地上。)

③ 空瓶子扔**在垃圾桶里**吧!(先扔,然后空瓶子才在垃圾桶里。)

(四)"在+地名"后面误用方位词"里"

例句

误:

① *在上海里我们玩了很多地方。

② *在北大里我住了一年。

正:

③ 在上海我们玩了很多地方。

④ 在北大我住了一年。

分析

汉语"在+地名"中的"地名"后面不能出现方位词"里"。例①的"上海"、例②的"北大"都是地名,都带了"里",句子不成立,"里"应该删去。

日本学生出现这种问题,是日语影响的结果。日语中凡是表示方位、处所的词语后面一般要用上"に"或"で",表示"在……里"、"在……中"等。受此影响,他们常在"在＋地名"后面误用上"里"。

链接

"在＋名词"带方位词的情况:

1. 一般名词要带方位词。例如:

    ① 在桌子上躺一会儿。

    ② 把钱包放在书包里。

    ③ 书掉在地上了。

2. 处所词一般不带方位词。例如:

    ① 弟弟在图书馆看书。

    ② 大家都在食堂吃饭。

    ③ 老师在教室上课呢。

3. 表示地方的专有名词不能带方位词。例如:

    ① 爸爸在北京住了三年。

    ② 那个书店在王府井。

(五)"在＋名词(短语)"后面漏用"上"

例句

误:

① ＊爸爸坐在沙发睡觉。

② ＊孩子在那个男人的脸画画儿。

正:

③ 爸爸坐在沙发上睡觉。

④ 孩子在那个男人的脸上画画儿。

分析

"名词(短语)"为非处所词语时,"在＋名词(短语)"后面要有方位词"上"、"下"、"里"等。例①的"沙发"、例②的"那个男人的脸"都不表示处所,"在沙发"和"在那个男人的脸"后面都没有方位词"上",因此句子不成立,应加上"上"。

日本学生出现这种错误,大概是英语影响的结果。例①、例②用英语表达分别如下:

① My father is sleeping on the sofa.

② The boy is drawing on the man's face.

"on the sofa"和"on the man's face"后面都没有方位词,因此,他们以为汉语的"在+名词(短语)"后面也不用方位词。

七、"从"使用中的错误

(一) 误用"从"

例句

误:

① *从妈妈寄来了信。

② *从老师发来了邮件。

正:

③ 妈妈寄来了信。

④ 老师发来了邮件。

分析

表示起点的词语如果既是起点,又是动作行为的发出者,一般不用"从"。例①的"妈妈"、例②的"老师"虽然是起点,但都是动作行为的发出者,前面都用了"从",句子不成立,"从"应该删去。

日本学生出现这样的问题,也是日语影响的结果。日语的"から"与汉语的"从"相当,日语中表示起点或来源的都得用"から"。例①、例②用日语表达分别为:

① お母さんから手紙が送られました。

② 先生からイメルを出してきました。

直译成汉语分别是"从妈妈寄来了信"、"从老师发来了邮件"。受此影响,不该用汉语的"从"时他们常常使用了。

(二)"从＋名词(短语)"位置错误

例句

误:

① ＊她来中国**从日本**。

② ＊我回家**从学校**。

正:

③ 她**从日本**来中国。

④ 我**从学校**回家。

分析

汉语的"从＋名词(短语)"要放在谓语动词前面。例①的"从日本"、例②的"从学校"都放在谓语动词后面了,句子不成立,应分别放在"来中国"和"回家"前面。

日本学生出现这种错误,是英语影响的结果。英语的"from…"(从……)一般放在动词后面。例如:

① She'll come to China from Japan.

② I'll come back from school.

以上二例直译成汉语分别是"她来中国从日本"、"我回家从学校"。受英语影响,他们常把"从……"放在谓语动词后面。

(三)"从＋时间名词(短语)"后面缺少必要的成分

例句

误:

① ＊**从那天晚上**,我们成了好朋友。

② ＊**从明天**我一定好好学习。

正：

③ 从那天晚上起/开始，我们成了好朋友。

④ 从明天起/开始，我一定好好学习。

分析

"从+时间名词（短语）"后面要有"起"、"开始"、"到……"等与之搭配，没有这些词语，句子就不成立。例①的"从那天晚上"、例②的"从明天"后面没有"起"或"开始"等，因此句子不成立，应该加上"起"或"开始"等。

日本学生出现这样的问题，是日语影响的结果。日语的"から"与汉语"从"相当，但是"から"不需要跟"起"、"开始"等之类的词语搭配。例①、例②用日语表达分别如下：

① あの晩から，私たちは親しい友達になりました。

② あしたから，私は必ず一生懸命勉強します。

直译成汉语分别是"从那天晚上，我们成了好朋友"、"从明天，我一定好好学习"。受此影响，他们以为汉语的"从+时间名词（短语）"后面也不需要加上"起"、"开始"等。

八、误用"从"代替"离"

例句

误：

① *刘老师家**从**颐和园很近。

② *我们的宿舍**从**图书馆比较远。

正：

③ 刘老师家**离**颐和园很近。

④ 我们的宿舍**离**图书馆比较远。

分析

"从"和"离"有很大的区别,"离"主要表示距离,"从"主要表示"起点"。例①、例②都表示距离远近,但用了"从",句子不成立,"从"应改为"离"。

日本学生出现此种错误,也是日语影响的结果。汉语的"从"和"离"日语都是"から",正因为如此,他们常常把"从"、"离"混起来,该用"离"时却用了"从"。

链接

"从"、"离"的区别:

从

1. 表示起点,常和"到"、"往"、"向"、"起"等配合使用。例如:

   ① **从**这儿到那儿有多远?

   ② **从**这儿往北走一百米就是。

   ③ **从**南向北数,第五家就是。

   ④ **从**今天起,我们开始复习。

2. 表示经过的路线。例如:

   ① 火车**从**这儿经过。

   ② 我们**从**窗户爬进去吧。

3. 表示根据。例如:

   ① **从**脚步声就知道是刘老师。

   ② 一定要**从**实际出发考虑问题。

离

表示距离;相距。可以用于空间,也可以用于时间。例如:

① 学校**离**车站远不远?

② 咱们两家**离**得太远。

③ **离**毕业还有半年时间。

④ **离**出发不到半小时了。

九、漏用介词"到"

例句

误:

① *老师把我叫办公室里。
② *他昨天晚上回了北京。

正:

③ 老师把我叫**到**办公室里。
④ 他昨天晚上回**到**了北京。

分析

"到＋处所词"表示事物通过动作行为到达的处所。例①是通过"叫","我到办公室","办公室"前面应该有介词"到";例②是通过"回","我到北京","回"后面也应该有"到"。

日本学生出现这种错误,大概是日语影响的结果。日语的"へ"相当于汉语的"到",但"へ"位于名词后面,而不是前面。正因为如此,他们很容易把汉语的"到"忽略掉。

十、误用"为了"代替"因为"

例句

误:

① *为了她是女人,她不能跟我们一起去。
② *为了台风来了,不能来上课。

正:

③ **因为**她是女人,她不能跟我们一起去。
④ **因为**台风来了,不能来上课。

分析

汉语的"为了"表示目的,"因为"表示原因,二者有很大的区别。例①、例②的"她是女人"、"台风来了"都表示原因,却用了"为了",句子不成立,"为了"应改为"因为"。

日本学生出现这样的问题,是日语影响的结果。日语的"ため"既有"为了"的意思,也有"因为"的意思。受此影响,他们常把汉语的"因为"和"为了"混同起来。

链接

"为了"、"因为"的区别:

为了

介词,主要有如下用法:

1. "为了+名词(短语)"表示动作行为的受益者。例如:

    ① **为了你**,我的工作都丢了。

    ② **为了孩子**,什么苦我都可以吃。

2. "为了+动词(短语)"表示目的。例如:

    ① **为了学好汉语**,我要去中国留学。

    ② **为了买到一张足球比赛的票**,他一夜都没睡觉。

3. "……是+为了+……"表示目的。例如

    ① 我这么做全**是为了**你。

    ② 住在家里**是为了**给父母省钱。

    ③ 买车**是为了**出去玩方便。

因为

连词,主要有下列用法:

1. 常和"所以"配合使用,形成"因为……,所以……"复句。例如:

    ① **因为**暑假要打工,**所以**我不能去中国旅游。

    ② **因为**没有钱,**所以**不能买车。

③ 因为太贵,所以我不买这件衣服。

2. "(之所以)……是因为……"。例如:

① 比赛(之所以)取消了,是因为天气不太好。

② (之所以)不买车,不是因为没有钱,是因为我不喜欢开车。

③ 我(之所以)学习汉语,是因为我觉得汉语很有意思。

十一、"跟"、"和"位置错误

例句

误:

① *我和一起来中国的那个朋友是我大学同学。

② *老师跟说话的那个学生是英国人。

正:

③ 和我一起来中国的那个朋友是我大学同学。

④ 跟老师说话的那个学生是英国人。

分析

"和"、"跟"必须放在介词宾语的前面。例①的"和"放在宾语"我"后面了,位置错误,应把"和"放在"我"前面。

例②的"跟"放在宾语"老师"后面了,位置也不对,应把"跟"放在"老师"前面。

日本学生出现这样的问题,是日语影响的结果。日语的"と"与"跟"、"和"相当,但"と"是后置词,即总是放在宾语后面。例①、例②用日语表达分别如下:

① 私と一緒に中国へ来た友達は私の大学の学友です。

② 先生と話している学生はイギリス人です。

这两句直译成汉语分别是"我和一起来中国的那个朋友是我大学同学"、"老师跟说话的那个学生是英国人"。正因为这样,他们很容易按照日语的语序来使用汉语的"跟"、"和"。

第八节　连词学习中常见的错误

一、"不但"位置错误

例句

误：
① ＊我**不但**会说汉语，而且我爸爸也会说汉语。
② ＊**不但**汉字难写，而且难记。

正：
③ **不但**我会说汉语，而且我爸爸也会说汉语。
④ 汉字**不但**难写，而且难记。

分析

两个分句的主语如果不同，"不但"应放在前一个分句主语前面。例①前一个分句的主语是"我"，后一个分句的主语是"我爸爸"，主语不同，"不但"放在前一个分句主语"我"的后面了，位置错误，应放在"我"前面。

两个分句的主语如果相同，"不但"应放在前一个分句主语后面。例②前一个分句的主语是"汉字"，后一个分句的主语也是"汉字"，主语相同，"不但"放在前一个分句主语"汉字"的前面了，位置错误，应放在"汉字"后面。

日本学生出现这种错误，是过度类推的结果。汉语很多连词的位置不受主语影响，既可以放在主语前，也可以放在主语后。正因为这样，他们以为"不但"的位置也不受主语的影响。

链接

"不但"的位置：

1. 前、后两个分句主语相同时，"不但"放在主语后。例如：

① 爸爸**不但**会说日语，而且(爸爸)会说英语。（前、后两个分句的主语都是"爸爸"）

② 明天**不但**有大风，而且有大雨。（前、后两个分句的主语都是"明天"）

2. 前、后两个分句主语不同时，"不但"放在主语前。例如：

① **不但**口语成绩好，而且语法成绩也不错。（前一个分句的主语是"口语成绩"，后一个分句的主语是"语法成绩"。）

② **不但**弟弟不会做这道题，而且哥哥也不会做。（前一个分句的主语是"弟弟"，后一个分句的主语是"哥哥"。）

注意

与"不但"搭配的"而且"所引导的分句，不管主语是否与前一个分句相同，都只能放在主语前面。

链接

汉语常用连词在句中的大致位置

位置 连词	前后两个分句主语不同		前后两个分句主语相同	
	主语前	主语后	主语前	主语后
不但	√			√
而且	√		√	
虽然	√	√	√	√
但是	√		√	
因为	√		√	

续表

所以	√		√	
由于	√		√	
既然	√	√	√	√
既		√		√
只要	√	√	√	√
只有	√	√	√	√
如果	√	√	√	√
那么	√		√	
要是	√	√	√	√
即使	√	√	√	√
哪怕	√	√	√	√
无论	√	√	√	√
不论	√	√	√	√
不管	√	√	√	√
任凭	√		√	
除非	√	√	√	√
宁可		√		√
宁愿		√		√
要么	√			√
就是	√	√	√	√
尽管	√	√	√	√

二、误用"和"

例句

误：

① *爸爸和妈妈和哥哥都来过中国。

② *他会说汉语和英语和韩国语。

正：

③ 爸爸、妈妈和哥哥都来过中国。

④ 他会说汉语、英语和韩国语。

分析

"和"连接三项以上的成分时,应放在最后两项之间,其他各项之间都用"、"隔开。例①的"爸爸"和"妈妈"之间、例②的"汉语"和"英语"之间都误用了"和","和"应改为"、"。

日本学生出现这种错误,是日语影响的结果。日语的"と"与汉语的"和"相当,连接三项以上的成分时,日语每两项之间都可以用"と"。例①、例②用日语表达分别为:

① 父と母と兄は中国へ来たことがあります。

② 彼は中国語と英語と韓国語ができます。

以上二例直译成汉语分别是"爸爸和妈妈和哥哥都来过中国"、"他会说汉语和英语和韩国语"。受此影响,不该用汉语的"和"时他们往往使用了。

链接

"和"的用法:

1. 用来连接名词、代词、动词和形容词等。连接作谓语的动词或形容词时,动词和形容词为双音节,谓语前或后还必须有状语或宾语。例如:

① **烟和酒**都买了。

② **我和她**都没去过那儿。

③ 那个演员非常**高大和英俊**。("高大和英俊"前面有状语"非常")

④ 大会**讨论和通过**了两个决议。("讨论和通过"后面有宾语"两个决议")

2. 连接三项以上时,"和"放在最后两项之间,前面各项之间用"、"隔开。例如:

① **中国、美国和加拿大**我都去过。

② 大家都喜欢吃**包子、饺子和面条**。

三、"或(者)"、"还是"混用

例句

误:

① * 明天**还是**后天去。

② * 我想买一本书**还是**一本词典。

③ * 你们去上海**或(者)**北京?

正:

④ 明天**或(者)**后天去。

⑤ 我想买一本书**或(者)**一本词典。

⑥ 你们去上海**还是**北京?

分析

"或(者)"用于陈述句,"还是"多用于疑问句。例①、例②都是陈述句,但用了"还是",句子不成立,"还是"应改为"或(者)"。例③是疑问句,却用了"或(者)",句子也不成立,"或(者)"应改为"还是"。

"或(者)"、"还是"意义相近,正因为如此,日本学生往往忽视了二者用法上的区别,把它们混同起来。

链接

"或(者)"、"还是"的区别:

或(者)

1. "或(者)"用于陈述句。例如:

① 这次去上海**或(者)**广州。

② 咱们吃包子**或(者)**饺子。

③ 星期一**或(者)**星期二我都可以。

2. "或(者)"可以两个以上一起使用。例如：

① **或(者)**你去，**或(者)**我去，只能去一个人。

② 你**或(者)**同意，**或(者)**反对。

③ **或(者)**出国，**或(者)**工作，**或(者)**上研究生，你选择吧。

还是

1. "还是"多用于疑问句，经常与"是"配合使用，形成"(是)……，还是……"这样的句子。例如：

① **(是)**明天去**还是**后天去？

② 你**(是)**喜欢包子**还是**饺子？

③ 汉语**(是)**难**还是**不难？

2. "还是"也可以用于陈述句，主要有两种情况：

(1) "无论(不论、不管)……还是……，都(总)……"，表示任何条件下结果或情况等都不会改变。例如：

① **无论**下雨**还是**不下雨，明天**都**要比赛。

② **不论**去**还是**不去，**都**要告诉我。

③ **不管**贵**还是**不贵，我**都**要买。

(2) "还是"所在的结构可以作"知道、告诉、忘、说、听说"等的主语或宾语。例如：

① 明天去**还是**不去我不知道。

② 我忘了老师说过**还是**没说过。

③ 没听说过她结了婚**还是**没结婚。

> **注意**
>
> "还是"所在的结构作"知道、告诉、忘、说、听说"等的主语或宾语时,"还是"不能替换为"或(者)"。下面的说法都是错误的:
>
> ① *他明天去**或(者)**后天去我不知道。
>
> ② *一定要告诉我大家同意**或(者)**不同意。

四、"不管"、"不论"、"无论"所在句子类型错误

例句

误:

① *不管**考试**,我一定要去。

② *不论**下雨**,运动会都按时进行。

③ *无论**你们和他们**,明天都要来。

正:

④ 不管**考不考试**,我一定要去。

⑤ 不论**下不下雨**,运动会都按时进行。

⑥ 无论**你们还是他们**,明天都要来。

分析

"不管"、"不论"、"无论"只能用于有"动词+不/没(有)+动词"、"形容词+不+形容词"、"A 还是 B"或疑问代词的句子中。例①的"考试"是动词,例②的"下雨"是动词短语,例③的"你们和他们"是名词短语,都不符合条件,所以句子都不成立。例①应改为"考不考试",例②应改为"下不下雨",例③应改为"你们还是他们"。

日本学生出现这种错误,大概是过度类推的结果。汉语的连词绝大多数对所在的句子没有特别的要求,因此他们误以为"不管"、"不论"、"无论"对所在的句子也没有什么特别的要求。

链接

"不管"、"不论"、"无论"的用法：

不管

表示任何条件下结果、结论或情况等都不会改变。

1. "不管……＋疑问词……，……"。例如：

   ① **不管谁**去，我都不去。

   ② **不管**天气**怎么样**，明天一定出发。

   ③ **不管**汉语**多么**难，我都要坚持学下去。

2. "不管＋动词/形容词＋不/没(有)＋动词/形容词，……"。例如：

   ① **不管去没(有)去**，都要写一份报告。

   ② **不管好不好**，这些东西我都买了。

3. "不管……还是……，……"。例如：

   ① **不管喜欢还是**不喜欢，这些课都得学。

   ② **不管**你去**还是**他去，我都不去。

   ③ **不管便宜还是贵**，我们都不买。

不论、无论

表示在任何情况下结果、结论或情况都不会改变。

1. "不论/无论……＋疑问词……，……"。例如：

   ① **不论/无论**汉语**多么**难，我都要坚持学下去。

   ② **不论/无论谁**去，都可以。

   ③ **不论/无论**天气**怎么样**，明天一定出发。

2. "不论/无论……＋动词＋不/没(有)＋动词，……"。例如：

   ① **不论/无论喜欢不喜欢**，这些课都得学。

   ② **不论/无论吃没(有)吃**，都要交钱。

   ③ **不论/无论去没(有)去**，都要写一份报告。

3. "不论/无论……还是……，……"。例如：

① **不论/无论**去还是不去,都要告诉我一声。

② **不论/无论**刮风还是下雨,比赛明天都要进行。

③ **不论/无论**好还是不好,这些东西我都买了。

> **注意**
>
> "不管"、"不论"、"无论"虽然是同义词,但是"不管"多用于口语,"不论"、"无论"多用于书面语。另外,"不管"后面可以是"形容词+不+形容词","不论"、"无论"后面不能是"形容词+不+形容词",只能是"形容词+还是+形容词"。例如:
>
> ① 不管**热不热**,中午都打球。
>
> ② 不论**热还是不热**,中午都打球。
>
> ③ 无论**热还是不热**,中午都打球。

五、误用"因为"代替"既然"

例句

误:

① ＊**因为**天气不好,那就别去了。

② ＊你**因为**来了,就别走了。

正:

③ **既然**天气不好,那就别去了。

④ 你**既然**来了,就别走了。

分析

"因为"用在前一分句,表示原因,后一分句表示结果;"既然"用在前一分句,提出已成为现实的或已肯定的前提,后一分句根据这一前提推出结论。例①的"天气不好"是客观事实,"那就别去了"是推出的结论,而不是结果,但"天气不好"前面却用了"因为",所以句子不成立,

"因为"应改为"既然"。

例②的"你来了"也是客观事实,"就别走了"也是推出的结论,而"你来了"分句中却用了"因为",所以句子也不成立,"因为"也应改为"既然"。

日本学生出现这种错误,原因在于汉语的"因为"、"既然"意义比较抽象,而且相近,因此很容易把它们混同起来。

链接

"因为"和"既然"的区别：

1. "因为"所在的分句表示的是原因,后一个分句表示的是结果,后一个分句中经常用"所以"跟它配合。"因为"表示的原因对听话人来说不是已知信息。例如：

① **因为**没有钱,**所以**不能去旅游。

② **因为**考试太难,**所以**没考好。

2. "既然"所在的分句表示的是前提,后一个分句表示的是推断或结论,后一个分句中经常用"就、也、还"等。"既然"表示的前提对说话人和听话人来说是已知信息。例如：

① **既然**你不想去,那**就**别去了。

② 他**既然**感冒了,**就**不要来上课了。

③ **既然**已经考完了,想它**还**有什么用呢?

六、误用"由于"代替"因为"

例句

误：

① ＊他考得不好,**由于**没有好好复习。

② ＊我到中国来是**由于**我对中国感兴趣。

正：

③ 他考得不好，**因为**没有好好复习。

④ 我到中国来是**因为**我对中国感兴趣。

分析

连词"由于"只能用于前一个分句中。例①的"由于"所在的分句放在后面了，所以句子不成立，"由于"应改为"因为"。例②的"由于……"充当"是"的宾语了，句子也不成立，"由于"也应改为"因为"。

"由于"、"因为"意义相同，正因为这样，日本学生常常忽视二者用法上的不同，而把它们等同起来。这大概就是以上错误出现的根源。

链接

"由于"、"因为"的区别：

由于

1. "由于"可以是介词。例如：

① **由于**工作关系，我在北京住了三年。

② **由于**各种原因，比赛最后还是取消了。

2. "由于"可以是连词，常和"所以、因此、因而"配合使用。例如：

① **由于**天气不好，比赛推迟了一天。

② **由于**意见不一致，**因此**明天还要继续讨论。

③ **由于**考试成绩不理想，**因而**上好大学的希望就落空了。

因为

1. 连词，常和"所以"配合使用，形成"因为……，所以……"复句。例如：

① **因为**暑假要打工，**所以**他不能去中国旅游。

② **因为**没有钱，**所以**不能买车。

③ **因为**太贵，**所以**我不买这件衣服。

2. "（之所以）……是因为……"。例如：

① 比赛(之所以)取消了,是因为天气不太好。

② (之所以)不买车,不是因为没有钱,是因为我不喜欢开车。

③ 我(之所以)学习汉语,是因为我觉得汉语很有意思。

注意

1. "由于"多用于书面语,"因为"口语、书面语都可以使用。

2. "因为"只能与"所以"配合使用,不能与"因此、因而"配合使用。"由于"既可以跟"所以"配合使用,也可以跟"因此、因而"配合使用。

3. "因为"所在的分句可以放在后面,"由于"所在的分句不能放在后面。例如:

① 我喜欢学习汉语,因为我觉得汉语很有意思。

② 他们离婚了,因为他们两个性格不合。

③ 今年我去中国留学,因为我觉得在中国学习汉语进步会更快。

4. "因为"可以说"……是因为……","由于"没有此种用法。例如:

① 今天带伞是因为怕下雨。

② 我来中国,是因为我喜欢中国。

七、误用"于是"代替"所以"

例句

误:

① *我们都去邮局,于是我们一起去。

② *汉语老师下个星期一去上海开会,于是下个星期一不上课。

正:

③ 我们都去邮局,所以我们一起去。

④ 汉语老师下个星期一去上海开会，**所以**下个星期一不上课。

分析

"于是"表示一件事情承接前一件事情而发生，一般用于已经发生的事情；"所以"表示结果或结论，既可以用于已经发生的事情，也可以用于将来发生的事情。例①的"我们都去邮局"、例②的"汉语老师下个星期一去上海开会"都是原因；例①的"我们一起去"、例②的"下个星期一不上课"都是结果，并且都是将来发生的事情，但前面却都用了"于是"，所以句子不成立。"于是"都应改为"所以"。

日本学生出现这种错误，是因为"于是"、"所以"表示的意义有相近之处，再加之意义比较抽象，所以他们常常混用起来。

链接

"于是"、"所以"的区别：

1. "于是"表示一件事情承接前一件事情，是前一件事情引起的，一般用于已经发生的事情。例如：

① 这次考试考得不错，**于是**我又有了继续学习汉语的信心。

② 前天去商店看见一件漂亮的衣服，**于是**就买了一件。

③ 那天我没有事，正好山本来找我玩，**于是**我们就一起去了颐和园。

2. "所以"表示结果或结论，常跟"因为"配合使用。例如：

① **因为**没做作业，**所以**老师批评了我。

② **因为**离学校太远，**所以**每天开车去上课。

③ **因为**天气不好，**所以**足球比赛推迟了。

第九节　助词学习中常见的错误

一、漏用"的"

例句

误：
① ＊冰箱里塞得**满满**,没有地方了。
② ＊我们的房间**干干净净**。

正：
③ 冰箱里塞得**满满的**,没有地方了。
④ 我们的房间**干干净净的**。

分析

单音节形容词的重叠式作补语,要带"的"。例①的"满满"是形容词重叠式,作补语没带"的",句子不成立,应该加上"的"。

双音节形容词的 AABB 式重叠式作谓语,一般要带"的"。例②的"干干净净"是双音节形容词的 AABB 式重叠式,作谓语没带"的",句子不成立,也应该加上"的"。

详细情况参见本章第三节四(三)(P.29)的"链接"。

日本学生出现这种错误,是过度类推的结果。汉语形容词作谓语不带"的",所以他们以为形容词重叠式作谓语也不带"的"。

二、"地"、"着"混用

例句

误：
① ＊村长**微笑地**给我们介绍村里的情况。

② ＊老师**生气着**告诉我们。

正：

③ 村长**微笑着**给我们介绍村里的情况。

④ 老师**生气地**告诉我们。

分析

动词不能带"地"作状语。例①的"微笑"是动词，但是后面却用了"地"，显然不正确，"地"应改为"着"。

形容词不能带"着"表示伴随状态。例②的"生气"是形容词，后面却用了"着"，也不正确，"着"应改为"地"。

日本学生出现这种错误，也是过度类推的结果。汉语的形容词可以带"地"作状语，动词可以带"着"表示伴随状态，因此他们以为动词也可以带"地"作状语，形容词也可以带"着"表示伴随状态。

三、"的"、"地"、"得"混用

例句

误：

① A：她唱得怎么样？

　　B：＊她唱**的**不好。

② ＊三个人穿**得**衣服都一样。

③ ＊我的心情慢慢**的**变化了。

正：

④ A：她唱得怎么样？

　　B：她唱**得**不好。

⑤ 三个人穿**的**衣服都一样。

⑥ 我的心情慢慢**地**变化了。

分析

例①问的是"她唱得怎么样?"即问的是结果,回答时却在结果补语前用了"的",显然不对,"的"应改为"得"。

例②的"穿得"是定语,"穿"后却用了"得","得"应改为"的"。

例③的"慢慢"是状语,不是定语,后面却用了"的","的"应改为"地"。

汉语的"的"、"地"、"得"都是结构助词,而且意义抽象,用法复杂,日本学生很容易把它们混用起来。

链接

"的"、"地"、"得"的区别:

的

1. "名词(短语)/动词(短语)/形容词(短语)/代词＋的"可以单独使用。例如:

　① A:你看晚上的还是白天的?

　　B:**白天的**。

　② A:这些东西哪儿来的?

　　B:**买的**。

　③ A:你要长一点儿的还是短一点儿的?

　　B:**长一点儿的**。

　④ A:这是谁的?

　　B:**我的**。

2. "名词(短语)/动词(短语)/形容词(短语)/代词＋的＋名词"。例如:

　① 白天**的时间**谁都不能占用!

　② 这是**买的书**。

　③ 给他拿一件**干净的衣服**。

④ 帮我擦一下**我的桌子**。

地

1."形容词/副词＋地"不能单独使用。下面的答句都是错误的：

① A：他怎么同意的？

B：***痛快地**。

② A：咱们怎么出去？

B：***偷偷地**。

2."形容词(短语)/副词＋地＋动词(短语)/形容词(短语)"。例如：

① 孩子们**高兴地**唱了起来。

② 同学们**很快地**适应了这儿的生活。

③ 你**偷偷地**爬进去。

得

1."动词(短语)/形容词(短语)＋得"一般不能单独使用。下面的答句都是错误的：

① A：我们说得怎么样？

B：***说得**。

② A：昨天累得怎么样？

B：***累得**。

2."动词/形容词＋得＋形容词(短语)/动词(短语)/小句"，"得"后面的是情态补语或可能补语。例如：

① 大家**学得很好**。（"得"后为情态补语）

② 篮球**打得不错**。（"得"后为情态补语）

③ 这样的衣服**卖得出去**吗？（"得"后为可能补语）

④ 妈妈气得**说不出话来**。（"得"后为情态补语）

⑤ 热得**汗都出来了**。（"得"后为情态补语）

3. "动词/形容词＋得＋副词","得"后面的是程度补语。例如：

① 坐在后面**颠得慌**。

② **好得很**！

四、"了"使用中的错误

(一) 误用"了"

1. 连动句、兼语句第一个动词后面用了"了"。

例句

误：

① ＊妈妈去了商店买了一本书。

② ＊国王派了人来了。

正：

③ 妈妈去商店买了一本书。

④ 国王派人来了。

分析

表示已经发生的动作行为的连动句一般在最后一个动词后面用上"了"。例①是连动句,表示的动作行为都已经发生,第一个动词"去"后面用了"了",句子不成立,"了"应该删去。

表示已经发生的动作行为的兼语句一般也在最后一个动词后面用上"了"。例②是兼语句,表示的动作行为已经发生,但第一个动词"派"后面用了"了",句子也不成立,"了"也应该删去。

日本学生出现这种错误,是过度类推的结果。"了"表示"实现",因此他们以为凡是实现的动作行为,动词后面都要用上"了"。

2. 直接引语前面的动词后面误用"了"。

例句

误：

① *她说了:"我一定要学汉语！"

② *老师问了:"你怎么了？"

正：

③ 她说:"我一定要学汉语！"

④ 老师问:"你怎么了？"

分析

直接引语前面的动词不能带"了"。例①"说"、例②"问"都带"了"了，句子不成立，"了"应该删去。

日本学生出现这样的错误，是日语影响的结果。例①、例②用日语表达分别为：

① 彼女は「私はぜひ中国語を勉強したい」と言いました。

② 先生は「君はどうしたのですか」と言いました。

这两句直译成汉语分别是"她说了:'我一定要学汉语！'"和"老师问了:'你怎么了？'"受此影响，他们常在汉语的直接引语前面的动词后面误用"了"。

3. 有些动词后面误用"了"。

例句

误：

① *我**听说了**他要回国。

② *大家**决定了**去看棒球比赛。

正：

③ 我**听说**他要回国。

④ 大家**决定**去看棒球比赛。

分析

汉语的一些双音节动词,像"听说、听见、决定、拒绝、答应、开始"等,带动词短语或形容词短语作宾语时,后面都不能带"了"。例①"听说"的宾语"他要回国"、例②"决定"的宾语"去看棒球比赛"都是动词短语,"听说"、"决定"都带了"了",句子不成立,"了"应该删去。

以上错误的出现,也是日语影响的结果。例①、例②用日语表达分别为:

① 私たちは彼が帰国するつもりだと聞きました。

② みんなは野球の試合を見にいくことを決めました。

直译成汉语就是"我听说了他要回国"、"大家决定了去看棒球比赛"。受日语影响,汉语的动词短语或形容词短语作"听说"、"决定"等动词的宾语时,他们常在这些动词后面用上"了"。

4."没(有)+动词"后面误用"了"。

例句

误:

① *我没(有)吃了饭。

② *那件事我们没(有)忘了。

正:

③ 我没(有)吃饭。

④ 那件事我们没(有)忘。

分析

表示实现的"了"与否定副词"没(有)"不能同时出现在一个句子中。例①、例②的"没(有)"和"了"都出现在一个句子中了,所以句子不成立,应该删去"了"。

这种错误的出现,也是日语影响的结果。日语的"……た"相当于汉语的"了","……た"的否定形式是"……ませんでした",其中仍保留

着"た",因此日本学生以为"没(有)＋动词"后面也应用"了"。

5. "没(有)＋动词＋结果补语"后面误用"了"。

例句

误：

① *今天**没有**做完了作业。

② *衣服**没**洗干净了。

正：

③ 今天**没有**做完作业。

④ 衣服**没**洗干净。

分析

"动词＋结果补语＋了"的否定是在动词前面加上"没(有)",同时删去"了"。例①的"没有"后面是"做完了",例②的"没"后面是"洗干净了","没"和"了"同时出现了,所以都不对,"了"都应该删去。

这种错误的出现,也是日语影响的结果。详细情况参见本节四(一)4.(P.110)的"分析"。

6. "(主语)＋非常＋形容词"后面误用"了"。

例句

误：

① *演讲比赛我们班得了一等奖,同学们非常高兴了。

② *听到这个消息,我非常吃惊了。

正：

③ 演讲比赛我们班得了一等奖,同学们非常高兴。

④ 听到这个消息,我非常吃惊。

分析

汉语的"(主语)＋非常＋形容词"用于客观陈述或评价已经发生的

事情或情况时，后面一般不能带"了"。例①、例②的"非常高兴"、"非常吃惊"后面都有"了"，句子不成立，"了"都应该删去。

日本学生出现这种错误，是日语影响的结果。例①、例②的"同学们非常高兴了"、"我非常吃惊了"用日语表达分别如下：

① 学生たちは大へん嬉しかった。

② 私は大へんびっくりしました。

以上二例中的"嬉しかった"、"びっくりしました"分别是"嬉しい"（高兴）和"びっくりする"（吃惊）的过去式，其中的"た"相当于汉语的"了"。受此影响，他们在用汉语的"（主语）＋非常＋形容词"客观陈述或评价已经发生的事情或情况时，经常在后面用上"了"。

（二）漏用"了"

1. 表示连续动作的几个动词，第一个动词后面漏用"了"。

例句

误：

① ＊听老师的话，我们就放心了。

② ＊我们吃饭再去吧。

正：

③ 听了老师的话，我们就放心了。

④ 我们吃了饭再去吧。

分析

叙述一个动作或情况发生或完成后出现了另一个动作或情况，并且第一个动作或情况的发生是第二个动作或情况发生的时间或条件时，第一个动词后一般要带"了"①。例①的"听老师的话"是"放心"发生的条件，而且"听老师的话"发生在前，但"听"没带"了"，句子不成立，

---

① 参见《实用现代汉语语法（增订本）》(P.372)。

应加上"了"。

例②的"吃饭"发生在"去"前,而且"吃饭"是"去"发生的条件,但"吃"没带"了",句子不成立,也应加上"了"。

日本学生出现这样的错误,是日语影响的结果。例①、例②用日语表达分别为:

① 先生の話を聞くと、私たちは安心しました。

② 食事をしてから、私たちはいきましょう。

这两句直译成汉语分别是"听老师的话,我们就放心了"和"我们吃饭再去吧"。正因为如此,他们常忘了在第一个动词后面用上"了"。

2."动词+了+数量(名)"后面漏用"了"。

例句

误:

① 老师:你们学了多长时间汉语了?

学生:＊我学了一年汉语。

② 老师:你在这儿住了多长时间了?

学生:＊住了三个月。

正:

③ 老师:你们学了多长时间汉语了?

学生:我学了一年汉语了。

④ 老师:你在这儿住了多长时间了?

学生:住了三个月了。

分析

"动词+了+数量(名)"中的"数量"表示动作行为持续的时间或完成的数量,后面没有后续句,隐含着动作行为已经完成,不再继续。"动词+了+数量(名)+了"中的"数量"也表示动作行为持续的时间或完成的数量,但隐含着动作行为还要持续下去。例①的"学"持续了

"一年",从问句来看,"学生"还在学习,并要继续学下去,"一年汉语"后面应该加上"了"。

例②的"住"持续了"三个月",从问句来看,"我"还住在这儿,并且还要住下去,"三个月"后面也应加上"了"。

日本学生出现这种错误,同样是日语影响的结果。例①、例②的答句用日语表达分别如下:

① 私は一年間中国語を勉強しました。

② 三か月住みました。

直译成汉语分别是"我学了一年汉语"、"住了三个月"。受日语影响,他们经常只在谓语动词后面用上"了"。

链接

"了"用不用的规律:

1. 如果句子中有表示过去某一时间的词语,而某一动作行为在这一时间已经发生,动词后要用"了"。例如:

① **去年"五一"**,大家去了黄山。

② **那天中午**,村子里来了一个陌生人。

2. 一个动作行为后跟着另一个动作行为或情况,不管第一个动作行为或情况是否已经发生或实现,第一个动词后要用"了"。例如:

① 吃了饭再去看电影。

② 昨天我洗了澡就睡了。

3. 直接引语前的动词或后的动词后面不用"了"。例如:

① 老师**说**:"这次没考好没关系。"

② "你吃什么了?"妈妈又**问**。

4. 宾语为动词(短语)、形容词短语、主谓短语时,谓语动词后不用"了"。例如:

① 爸爸答应**给我买一辆新自行车**。

② 我想**这价钱不贵**。

5. 结果补语、程度补语前的动词后不用"了"。例如：

① **吃完**饭再走吧！

② 她**洗完**衣服就去图书馆了。

③ 那孩子把我**气坏**了！

(三)"了"的位置错误

例句

误：

① ＊昨天我们去了看一场电影。

② ＊爸爸来了中国旅游。

正：

③ 昨天我们去看了一场电影。

④ 爸爸来中国旅游了。

分析

表示动作行为已经发生或实现的连动句,如果第二个动词(短语)表示的是第一个动作行为的目的,一般在第二个动词后面带"了"。例①、例②都是动作行为已经发生或实现的连动句,"看一场电影"、"旅游"分别是"去"和"来中国"的目的,但"了"却分别放在了第一个动词"去"和"来"的后面,句子不成立,"了"应分别放在后一个动词"看"和"旅游"的后面。

日本学生出现这种错误,也是日语影响的结果。例①、例②用日语表达分别为：

① 昨日私たちは映画を見に行きました。

② おとうさんは中国へ旅行に来ました。

直译成汉语分别是"昨天我们去了看一场电影"、"爸爸来了中国旅游"。受此影响,他们常在汉语表示动作行为已经发生的连动句的第一个动词后面用上"了"。

链接

"了"的位置：

1. 表示动作行为已经发生或实现的连动句，如果第一个动词（短语）表示的动作行为发生以后再发生第二个动词（短语）表示的动作行为，"了"一般放在第一个动词后面。例如：

① 阿姨抓了一把糖给我。

② 弟弟拿了一个馒头放进书包里。

2. 表示动作行为已经发生或实现的连动句，如果第一个动词（短语）表示后一个动词（短语）所表示的动作行为的方式、工具，或第二个动词（短语）表示的动作行为是第一个动词表示的动作行为的目的，一般第二个动词后面带"了"。例如：

① 妈妈开车送了我一段路。

② 弟弟用手打了一下那个孩子。

③ 昨天去商店买了一件毛衣。

3. 表示动作行为已经发生或实现的兼语句，一般最后一个动词后面带"了"。例如：

① 老师又让我复习了一遍。

② 领导派他去了上海。

4. 几个分句如果叙述的是已经发生或实现的一连串动作行为，一般最后一个分句的动词后面用"了"。例如：

① 学校今天开会，会上表扬了刘老师。

② 弟弟穿衣服，刷牙，吃饭，吃完饭背起书包就走了。

5. "了"放在"动词+结果补语"后面。例如：

① 我已经看完了。

② 衣服都洗干净了。

6. "动词+来/去"不带宾语,"了"位于"来、去"的后面;带宾语,有两种位置:

(1) "动词+来/去+了+宾语"。例如:

① 家里给我寄来了一百块钱。

② 爸爸开车给弟弟送去了一些书。

(2) "动词+了+宾语+来/去"。例如:

① 家里给我寄了一百块钱来。

② 爸爸开车给弟弟送了一些吃的去。

7. "动词+复合趋向补语"不带宾语,"了"有两种位置:

(1) "动词+了+复合趋向补语"。例如:

① 孩子把书全拿了出来。

② 大家冲了上去。

这类句子带有描写色彩,有突出动作的作用。

(2) "动词+复合趋向补语+了"。例如:

① 孩子把书全拿出来了。

② 大家冲上去了。

这类句子没有描写色彩。

(四) 带"了"的句子否定错误

例句

误:

① *她没(有) 交了作业。

② *我没(有) 看了一次。

正:

③ 她没(有) 交作业。

④ 我没(有) 看。

分析

汉语的否定副词"没(有)"不能和表示实现的"了"同时出现在一个句子中。例①、例②的"没(有)"和"了"用在同一个句子中了,所以不成立,"了"都应该删去。

日本学生出现这种错误,有两个原因。一是过度类推。汉语的否定一般是在被否定成分的前面直接加上否定副词,受此影响,他们就直接在汉语的"动词+了"前面加上了否定副词。二是日语的影响。例①、例②用日语表达分别为:

① 彼女は宿題を出しませんでした。
② 私は一回も見ませんでした。

这二例中的"…ませんでした"相当于汉语的"没(有)",而"…た"又相当于"了",正因为如此,他们误以为汉语的"没(有)"和"了"也可以同现。

链接

带"了"的句子的否定:

1. "动词+了+名词"的否定,是直接在动词前加上"没(有)",删去动词后面的"了"。例如:

① 她看了电视。→她**没(有)**看电视。
② 孩子吃了饭。→孩子**没(有)**吃饭。

2. "动词+了+数量+(名词)"的否定,一般是在动词前加上"没(有)","了"和"数量"要删去。例如:

① 我喝了一点酒。→我**没(有)**喝酒。
② 哥哥买了两本小说。→哥哥**没(有)**买小说。

有时也可以在动词前加上"没(有)",删去"了",但后面必须追加一个跟其结构相似的分句,形成对比,而且后一个分句中的"数量"必须小于前一个分句中的"数量"。例如:

① 我们等了一个小时。→我们**没(有)**等一个小时,只等了半个小时。

② 爸爸今天花了五十块钱。→爸爸今天**没(有)**花五十块钱,只花了三十块钱。

> **注意**
> "没(有)"和"了"不能出现在同一个句子中。

五、"着"使用中的错误

(一) 误用"着"

例句

误:

① *孩子们快乐**着**唱歌。

② *妈妈高兴**着**说:"真是个好孩子!"

正:

③ 孩子们快乐**地**唱着歌。

④ 妈妈高兴**地**说:"真是个好孩子!"

分析

形容词不能带"着"作状语。例①、例②的"快乐"、"高兴"是形容词,后面带"着"作状语,句子不成立,"着"应改为"地"。另外,例①的"唱"后面还应该加上"着",因为这个句子是描写句,描述的是当时正在发生的动作行为。

日本学生出现这种错误,大概是过度类推的结果。汉语有些表示颜色的形容词,像"红、黑"等,可以带"着"表示伴随状态。例如:

① 小姑娘红**着**脸跑出去了。

② 哥哥黑**着**脸进来了。

受此影响,他们以为汉语中的形容词都可以带"着"。

(二) 漏用"着"

例句

误:

① *朋友担心地**看**我说:"没事吧?"

② *牌子上**写**"禁止入内"。

正:

③ 朋友担心地**看着**我说:"没事吧?"

④ 牌子上**写着**"禁止入内"。

分析

例①的"看"表示伴随状态,后面没有"着",句子不成立,应该加上"着"。

例②是存现句,动词"写"后面没有"着",句子也不成立,也应该加上"着"。

日本学生出现这种错误,是日语影响的结果。例①、例②用日语表达分别为:

① 友達は気遣うように私を見て言いました。「大丈夫?」

② 看板の上には「立ち入り禁止」と書いていた。

直译成汉语分别是"朋友担心地看我说:'没事吧?'"、"牌子上写'禁止入内'"。受此影响,汉语该用"着"时他们常常没有使用。

链接

动词、形容词能否带"着"的条件:

1. 少数表示颜色的形容词可以带"着",表示伴随状态。例如:

① 哥哥**黑着**脸走了进来。

② 她**红着**脸跑出去了。

2. 持续动词可以带"着"。例如:

① 你**看着**我的眼睛说话!

② 黑板上**写着**呢!

③ 孩子们**唱着**歌过来了。

④ 保护区里**保护着**一百多种动物。

3. 趋向动词不能带"着"。

4. 关系动词,如"在、是、属于、拥有"等,不能带"着"。

(三) 带"着"的句子否定错误

例句

误:

① *明天**不**带着你弟弟。

② *昨天桌子上**不**放着书。

正:

③ 明天**不要**带着你弟弟。

④ 昨天桌子上**没(有)**放书。

分析

非假设条件句、非疑问句中的"动词+着+……"不能用"不"否定,只能用"没(有)"、"别"、"不要"等否定。例①、例②不是假设条件句,也不是疑问句,"带着你弟弟"和"放着书"都用"不"否定,句子不成立。例①是祈使句,"不"应改为"不要";例②是存在句,"不"应改为"没(有)",并且要删去"着"。

日本学生出现这种错误,是过度类推的结果。汉语的动词和形容词一般能用"不"进行否定,正因为这样,他们以为"动词+着+……"也可以用"不"否定。

链接

带"着"的句子的否定:

1. 对带"着"的句子进行否定,一般是在动词前面加上"没(有)",

删去"着"。如果宾语前面有数量成分,数量成分也要删去。例如:

① 外边下着雨。→外边**没(有)**下雨。

② 孩子背着一个书包。→孩子**没(有)**背书包。

③ 桌子上放着一个台灯。→桌子上**没(有)**放台灯。

句末有语气词"呢","呢"也要删去。例如:

① 她带着孩子呢。→她**没(有)**带孩子。

② 他们等着你呢。→他们**没(有)**等你。

2. 祈使句可以用"别"、"不要"直接否定。例如:

① 躺着!→**别**躺着!/**不要**躺着!

② 拿着!→**别**拿着!/**不要**拿着!

③ 在这儿站着!→**别**在这儿站着!/**不要**在这儿站着!

3. 疑问句、假设条件句可以用"不"直接否定。例如:

① 去商店**不**带着钱包?

② 你**不**看着他?

③ **不**躺着就难受。

④ 那天如果你们**不**等着我,就不会赶不上车!

注意

"处所词(短语)+动词+着+(数量)+名词"不能用"不"直接否定。下面的说法都是错误的:

① *黑板上**不**写着(一行)字。

② *墙上**不**挂着(一幅)画。

六、误用"着"代替"在"

例句

误：

① A：同学们在干什么？
   B：＊同学们写**着**作业。
② A：老师在干什么？
   B：＊老师上**着**课。

正：

③ A：同学们在干什么？
   B：同学们**在**写作业。
④ A：老师在干什么？
   B：老师**在**上课。

分析

"动词＋着＋……"一般不能用来回答问题。例①的"同学们写着作业"、例②的"老师上着课"都用来回答问题，所以不对。这两例中的"着"都应该删去，分别在"写"和"上"前面加上"在"。

日本学生出现这种错误，大概是日语影响的结果。"着"和"在"日语都可以是"…ている"，受此影响，他们误以为汉语的"着"和"在"也相同。

链接

"着"和"在"的区别：

1. "着"表示持续，同时表示动作行为的方式或情态，带有描写色彩。"在"表示进行，多用于叙述。例如：

① 等**着**！
② 老师站**着**讲课，我们坐**着**听课。

③ A：你在干什么？

　　B：我在看电视。

2. "着"可以用于祈使句中，"在"不行。例如：

① 你看着行李！我去买票。

② 听着！明天谁都不许迟到。

3. "动词＋着"可以重叠使用，"在＋动词"则不行。

① 她说着说着就哭了起来。

② 孩子吃着吃着就睡着了。

七、带"过"的句子否定错误

例句

误：

① ＊我没(有) 买过三件衣服。

② ＊妈妈没(有) 去过两次中国。

正：

③ 我没(有) 买过衣服。

④ 妈妈没(有) 去过中国。

分析

"没(有)"一般不能对"动词＋过＋数量(名)"直接进行否定。例①的"买过三件衣服"、例②的"去过两次中国"都是"动词＋过＋数量(名)"，都用"没(有)"直接否定了，所以句子不成立。例①应删去"三件"，例②应删去"两次"。

日本学生出现这种错误，是过度类推的结果。汉语的否定句一般在谓语动词前直接加上否定副词，所以他们以为汉语所有句子的否定都是在谓语动词前直接加上否定副词。

链接

带"过"的句子的否定：

1. "动词＋过＋（名词）"的否定是直接在动词前面加上"没（有）"。例如：

① 这个词学过。→ 这个词**没(有)**学过。

② 她结过婚。→ 她**没(有)**结过婚。

2. "动词＋过＋数量＋（名词）"的否定是在动词前加上"没（有）"，但"数量"要删去。例如：

① 吃过一次。→ **没(有)**吃过。

② 哥哥借过两本书。→ 哥哥**没(有)**借过书。

3. "动词＋过＋一＋量词＋（名词）"的否定也可以在动词前直接加上"没（有）"，但"一"要重读，强调没发生过某种动作行为。例如：

① 老王请过一次假。→ 老王**没(有)**请过一次假。

② 哥哥和嫂子结婚以前见过一次面。→ 哥哥和嫂子结婚以前**没(有)**见过一次面。

八、误用"吗"

例句

误：

① ＊你们吃什么**吗**？

② ＊他们去不去**吗**？

正：

③ 你们吃什么？

④ 他们去不去？

分析

"吗"只能用于是非问句和反问句，不能用于特指问句、选择问句和正反问句。例①是特指问句,句中有疑问代词"什么",但句末用了"吗",句子不成立,"吗"应删去。例②是正反问句,句末用了"吗",句子也不成立,"吗"也应删去。

这种错误的出现,同样是过度类推的结果。"吗"可以用于是非问句和反问句,因此日本学生误以为汉语的问句都可以用"吗"。

链接

"吗"的用法:

1. 表示疑问语气,用在是非问句末尾。例如:

① 你是学生**吗**?

② 大家没去过北京**吗**?

2. 用于反问。肯定形式表示否定的意思,否定形式表示肯定的意思。例如:

① 我去过北京,你去过**吗**?("你去过吗?"意思为"你没去过")

② 教室里只有26度,热**吗**?("热吗?"意思为"不热")

③ 这个汉字我们不是学过**吗**?(意思为"这个汉字我们学过")

④ 这个道理连孩子都明白,你不明白**吗**?("你不明白吗?"意思为"你明白")

第二章　句子成分学习中常见的错误

第一节　主语学习中常见的错误

一、主语类型错误

(一) 误把数量(名)用作主语

例句

误：

① ＊一本书买了。

② ＊一个学生走了。

正：

③ 买了一本书。

④ 走了一个学生。

分析

汉语的主语有定指的倾向,即主语一般为说话人和听话人都知道的人或事物。例①的"一本书"、例②的"一个学生"都是非定指的,即具体指哪本书,哪个学生,说话人,特别是听话人并不知道。用它们作主语,如果没有一定的上下文或语境,听话人很难明白。例①的"一本书"、例②的"一个学生"应分别放在"买了"、"走了"后面作宾语。

日本学生出现这种错误,大概有两个原因。一是过度类推。汉语的"数量(名)"有时可以作主语。例如:

① **一间屋子**住人，**一间屋子**放东西。

② **一天**去长城，**一天**去天坛。

受此影响，他们以为"数量(名)"什么时候都可以作主语。

二是日语的影响。日语的"数量(名)"要放在动词前面。例①用日语表达为：

本1冊を買いました。

直译成汉语就是"一本书买了"。正因为如此，他们常常把汉语的"数量(名)"用作主语。

链接

数量(名)作主语的情况：

1. 对比时，数量(名)可以作主语。例如：

① 这两条裤子，**一条裤腿**长，**一条裤腿**短。

② 他们两个人的经济情况差别很大，**一个人**在天上，**一个人**在地上。

2. 分配任务或分发物品时，数量(名)可以作主语。例如：

① 你们两个，**一个人**去扫地，**一个人**去搬桌子。

② A：这些书怎么发？

B：**一个同学**一本。

3. 强调时，数量(名)也可以作主语，经常形成"数量(名)＋都/也＋不/没(有)……"和"连＋数量(名)＋都/也＋不/没(有)……"这样的句子。例如：

① **一个人**都不认识。

② **一天**也没休息。

③ 连**一分钱**都没有。

④ 今年连**一次电影**也没看过。

4. 问句中，数量(名)也可以作主语。例如：

① **一个小时**够吗?

② **五块钱**卖吗?

5. 表示价格或说明内部构成成分时,数量(名)可以作主语,一般情况下多是"数量(名)＋数量(名)"。例如:

① 一天二十四个小时。

② 一斤苹果两块钱。

③ 一小时二十块钱。

(二) 非定指名词误用作主语

例句

误:

① 老师:你昨天为什么没来上课?

学生:＊客人来了。

② A:昨天晚上你做什么了?

B:＊作业做了。

正:

③ 老师:你昨天为什么没来上课?

学生:来客人了。

④ A:昨天晚上你做什么了?

B:做作业了。

分析

汉语的主语有定指的倾向,作主语的名词多表示说话人和听话人都知道的事物。例①的"客人"、例②的"作业"作主语,意味着说话人和听话人都知道"客人"是谁,"作业"是什么作业,但实际上听话人并不知道,也就是说"客人"和"作业"是非定指名词,因此句子不成立,"客人"和"作业"只能放在"来"和"做"后面作宾语。

日本学生出现这种问题,是日语影响的结果。日语中名词作主语,可以是非定指的。例如：

① 雨が降っています。

② 授業があります。

以上二例中的"雨"和"授業"（课）都是非定指的。受此影响，他们以为汉语的名词作主语，也可以是非定指的。

二、主谓谓语句大小主语位置错误

例句

误：

① A：上海去过吗？

B：＊**我上海**去过。

② A：烤鸭吃过吗？

B：＊**我烤鸭**没吃过。

正：

③ A：上海去过吗？

B：**上海我**去过。

④ A：烤鸭吃过吗？

B：**烤鸭我**没吃过。

分析

例①的"我"是施事，处在大主语的位置，"上海"是处所，处在小主语的位置，一般情况下应该处所在前作大主语，施事在后作小主语，"上海"应放在"我"前面。

例②的"我"是施事，"烤鸭"是受事，一般情况下应该受事在前，施事在后，"烤鸭"应放在"我"前面。

这种错误的出现，是过度类推的结果。汉语有些主谓谓语句的大主语和小主语位置可以互换。例如：

① **明天我**去上海。→**我明天**去上海。

② **昨天老师**没来上课。→**老师昨天**没来上课。

正因为如此，所以日本学生以为所有的大主语和小主语位置都可以互换。

链接

大、小主语位置不能互换的情况：

1. 大主语和小主语是整体和部分关系。例如：

    ① **这盘菜味道**还可以。

    ② **那本书封皮**破了。

    ③ **那张桌子腿**坏了。

2. 大主语是小主语的领有者。例如：

    ① **他眼睛**很大。

    ② **这个学校图书馆**太小。

    ③ **部长权力**大。

3. 小主语是大主语的属性。例如：

    ① **爸爸脾气**不好。

    ② **弟弟性格**内向。

    ③ **这件衣服做工**不错。

4. 大主语是受事，小主语是施事。例如：

    ① **苹果弟弟**吃了。

    ② **衣服我**给洗了。

    ③ **花弟弟**浇过水了。

注意

大主语是受事，小主语是施事，如果有对比项出现，二者的位置也可以互换。例如：

① **弟弟苹果**吃了，**橘子**没吃。

② 我衣服洗了，床单没洗。

③ 他花浇过了，菜没浇。

5. 大主语是工具，小主语是施事。例如：

① **这种刀我**用过。

② **大碗哥哥**吃，**小碗弟弟**吃。

6. 大主语是处所，小主语是施事。例如：

① **大房间爸爸、妈妈**住，**小房间我们**住。

② **那家饭馆我**也去过。

③ **这儿我们**上过课。

7. 大主语表示对象或相关的事物，小主语是施事。例如：

① **这次考试她**心里有底。

② **电脑我**一窍不通。

第二节　谓语学习中常见的错误

一、名词（短语）谓语前漏用"是"

例句

误：

① ＊那件衣服**红色**。

② ＊我们班百分之八十**男同学**。

正：

③ 那件衣服**是红色**。

④ 我们班百分之八十**是男同学**。

分析

例①的谓语"红色"是名词,直接作了谓语,句子不成立,前面应加上"是"。

例②的谓语"男同学"是名词短语,直接作了谓语,句子也不成立,前面应该加上"是"。

日本学生出现这种错误,是过度类推的结果。汉语有些名词(短语),像表示节令的,作谓语时前面常常不用"是",受此影响,他们误以为汉语的名词(短语)作谓语时前面都可以不用"是"。

链接

可以直接作谓语的名词(短语):

1. 表示时间、节令、籍贯等的名词,像"星期一、星期二、星期三、星期四、星期五、星期六、星期天"、"春节、元宵节、端午节、中秋节、国庆节、元旦"等,可以作谓语。例如:

① 今天**星期三**。

② 后天**夏至**。

③ 他**北京人**。

④ 明天**国庆节**。

2. 表示时间、年龄、长度、重量、价格等的"数量(名)"短语可以作谓语。例如:

① 现在**九点**。

② 我**十八岁**。

③ 哥哥**一米八五**。

④ 这条鱼**一斤**。

⑤ 一个**五块钱**。

二、名词(短语)谓语前误用"是"

例句

误:

① A:你多大?

　B:＊我**是**十九岁。

② A:今天星期几?

　B:＊今天**是**星期一。

③ A:现在几点?

　B:＊现在**是**九点。

正:

④ A:你多大?

　B:＊我**十九岁**。

⑤ A:今天星期几?

　B:＊今天**星期一**。

⑥ A:现在几点?

　B:＊现在**九点**。

分析

客观叙述或回答问题时,汉语有些名词(短语)可以直接作谓语,前面不必加上"是"。例①的"十九岁"表示年龄,例②的"星期一"、例③的"九点"都表示时间,都用来客观地回答问题,这些名词(短语)作谓语前面一般不用"是","是"都应该删去。

日本学生出现这种错误,是受英语影响的结果。英语的名词(短语)作谓语,前面必须出现系动词"to be"(是),受此影响,他们以为汉语的名词(短语)作谓语前面也要用上"是"。

> **注意**
> "(主语)＋是＋名词(短语)"可以用作疑问句,也可以用来纠错、强调或提醒等。例如:
> ① A:她**是**十八岁吗?
>   B:**是**十八岁。
> ② A:今天二十号了吧?
>   B:今天**是**十九号,不是二十号。

三、形容词(短语)谓语前误用"是"

例句

误:

① A:今天天气怎么样?
  B:＊今天**是**热。

② A:这儿的东西怎么样?
  B:＊这儿的东西**是**贵。

③ A:那个演员怎么样?
  B:＊那个演员**是**漂亮。

正:

④ A:今天天气怎么样?
  B:今天**很热**。

⑤ A:这儿的东西怎么样?
  B:这儿的东西**很贵**。

⑥ A:那个演员怎么样?
  B:那个演员**很漂亮**。

分析

客观叙述或回答问题时,形容词(短语)作谓语,前面一般不用"是"。例①的"热"、例②的"贵"、例③的"漂亮"都是用来客观地回答问题,前面都用"是"了,句子不成立,"是"应该删去,但前面得加上适当的副词,像"很"、"非常"等。

日本学生出现这样的错误,也是受到了英语的影响。英语的形容词(短语)作谓语时,前面都有系动词"to be"(是)。受此影响,他们以为汉语的形容词(短语)谓语前也要用"是"。

链接

形容词(短语)谓语前出现"是"的情况:

1. 强调或确认的时候,形容词(短语)前要用"是",而且要重读。例如:

① 今天′**是**热。

② 他妹妹′**是**很漂亮。

③ 汉语′**是**比较难。

2. "A 是 A"中的 A 可以是形容词,表示让步。例如:

① 这件衣服**好看是好看**,不过太贵了。

② 汉语**难是难**,但是很有意思。

③ 今天**热是热**,不过天气不错。

3. 纠正或反驳他人的观点时,形容词(短语)前可以用"是",经常是"……不是+形容词(短语)"和"……是+形容词(短语)"对举。例如:

① 汉语**不是**难,**是**容易!

② 这东西**不是**贵,而**是**很贵!

③ 她**不是**漂亮,**是**难看!

四、误把形容词单独作谓语

例句

误:
　①A:你弟弟个儿怎么样?
　　B:*我弟弟**高**。
　②A:明天天气怎么样?
　　B:*明天**热**。
　③A:刘老师长得怎么样?
　　B:*刘老师**漂亮**。

正:
　④A:你弟弟个儿怎么样?
　　B:我弟弟**比较高**。
　⑤A:明天天气怎么样?
　　B:明天**很热**。
　⑥A:刘老师长得怎么样?
　　B:刘老师**非常漂亮**。

分析

汉语的性质形容词一般不能单独作谓语。例①的"高"、例②的"热"、例③的"漂亮"都单独作了谓语,句子都不成立,这些词前面应该加上适当的副词,像"比较"、"很"、"非常"等。

日本学生出现这样的错误,显然是日语影响的结果。日语的形容词经常单独作谓语。例①、例②、例③用日语表达分别如下:

　①A:君の弟は身長がどのくらいですか?
　　B:私の弟は身長が高いです。
　②A:明日の天気はどうですか?

B:あしたは熱いです。

③ A:刘先生はどうですか？

B:刘先生はきれいです。

以上三例的答句直译成汉语分别是"我弟弟高"、"明天热"、"刘老师漂亮"。受此影响，他们常把汉语的形容词单独用作谓语。

链接

性质形容词单独作谓语情况：

1. 对比时，性质形容词可以单独作谓语。例如：

① 今天**热**，昨天**冷**。

② 弟弟**高**，哥哥**矮**。

③ 有人**高兴**，有人**愁**。

2. 正反问句的答句、是非问句和选择问句及其答句中，性质形容词可以单独作谓语。例如：

① A:汉语难不难？

B:汉语**难**。

② A:你累吗？

B:我**累**。

③ A:她**漂亮**还是我**漂亮**？

B:她**漂亮**。

五、误把非谓形容词用作谓语

例句

误：

① *那个电视**彩色**。

② *我们班的学生都**男**。

正：

③ 那个电视**是**彩色**的**。

④ 我们班的学生都**是**男**的**。

分析

非谓形容词，即区别词，不能作谓语。例①的"彩色"、例②的"男"都是非谓形容词，但直接作了谓语，句子都不成立。"彩色"应改为"是彩色的"，"男"应改为"是男的"。

日本学生出现这种问题，显然是忽视了非谓形容词和其他形容词的区别，把它们等同起来了。

链接

非谓形容词的语法功能：

1. 作定语。例如：

① 我们学校**男**学生多。

② 她喜欢**黑白**电视。

③ 爸爸是**高级**工程师。

2. "非谓形容词＋的"作主语、宾语。例如：

① **彩色的**比**黑白的**好看。

② 这些商店大部分是私人的，**国营的**很少。

③ 这儿的风景都是**天然的**。

④ 电视我买**液晶的**。

第三节　宾语学习中常见的错误

一、"动词＋数量补语"带宾语位置错误

例句

误：

① ＊你看书一下。

② ＊我们学过**汉语两年**。

正：

③ 你看**一下**书。

④ 我们学过**两年汉语**。

分析

例①的宾语"书"是表示事物的名词，"一下"是动量补语，"书"放在"一下"前面，位置错误，应放在"一下"的后面。例②的宾语"汉语"也是表示事物的名词，"两年"是时量补语，"汉语"放在"两年"前面，位置也不对，应放在"两年"后面。

日本学生出现例①这种错误，是过度类推的结果。汉语中有的宾语可以放在动量补语前面，因此他们以为所有宾语都可以放在动量补语前面。

出现例②这种错误，大概是受英语影响的结果。英语表示时间的成分要放在宾语后面。例②用英语表达如下：

We have learned Chinese for two years.

直译成汉语是"我们学过汉语两年"。受此影响，他们常把汉语的宾语放在时量补语前面。

链接

"动词＋数量补语"及带宾语的位置①

1. "动词＋动量补语"及带宾语的位置。

(1) "动词＋动量补语"中的动词后面可以带"了"、"过",但不能带"着"。例如:

① 我们朝里面看了一眼。

② 这个电影她看过三遍。

(2) "动词＋动量补语"可以用"没"否定,但必须出现对比项,并且被否定的"动词＋动量补语"中的"数量"必须大于对比项中的"数量"。例如:

① 我只看了一遍,**没**看两遍。

② 只敲了两下,**没**敲三下。

假设句或疑问句也可以用"不"否定。例如:

① 你**不**看一眼,我就不走。

② **不**检查一遍?

③ **不**敲一下门就进去?

(3) 宾语为表示事物的名词(短语),一般位于动量补语后面。例如:

① 敲一下门。

② 查一下词典。

(4) 宾语为表示人、处所的名词(短语),可以位于动量补语前,也可以位于动量补语后。例如:

① 叫你弟弟一下。

   叫一下你弟弟。

---

① 参见《实用现代汉语语法(增订本)》(PP. 615—618,PP. 620—621)。

② 你去一趟上海。

　　你去上海一趟。

(5) 宾语为代词,一般位于动量补语前面。例如:

① 我看了他一眼。

② 告诉她们一下,明天不上课。

③ 老师找过你们两次,可是你们都不在。

(6) 量词为"拳、脚、把、巴掌、刀、枪"等,宾语也只能位于动量补语前面。例如:

① 他打了弟弟一拳。

② 我也踢了他一脚。

③ 拉妹妹一把!

2. "动词+时量补语"及带宾语的位置。

(1) "动词+时量补语"中的动词后面可以带"了"和"过",但不能带"着"。例如:

① 下了一天雨了。

② 今天开了一上午会。

③ 我们见过一次面。

(2) 限制时量补语的副词一般在动词前,但有的也可以在时量补语前。例如:

① 我们已经学了半年了。

　　我们学了已经半年了。

② 刘教授整整花了一年时间才完成这个项目。

　　刘教授花了整整一年时间才完成这个项目。

(3) 宾语为表示一般事物或抽象事物的名词时,一般位于时量补语后面,补语和宾语之间还可以用"的"。例如:

① 他们坐了两个小时(的)火车。

② 我花了一个月(的)时间。

(4) 宾语为指人的名词、代词，一般位于时量补语前面。例如：

① 大家等了**山本**一个小时。

② 老师找**她**一上午了，她都不知道。

但是，补语为"一会儿"、"半天"，宾语可以在时量补语前，也可以在后。例如：

① 等**一会儿**我。

等我**一会儿**。

② 叫了**弟弟**半天，弟弟都没听见。

叫了**半天**弟弟，弟弟都没听见。

二、离合词误带宾语

例句

误：

① ＊昨天见面了**一个朋友**。

② ＊明天我请客**你**。

正：

③ 昨天跟**一个朋友**见面了。

④ 明天我请**你的**客。

分析

离合词第一个语素相当于动词，后面的语素相当于名词，即宾语，因此离合词不能再带宾语。例①的"见面"、例②的"请客"都是离合词，但都带了宾语，句子不成立。例①的宾语"一个朋友"应用"跟"提前，放在"见面"前面；例②的宾语"你"应放在"客"前作定语。

日本学生出现这种错误，显然是过度类推的结果。动词可以带宾语，离合词也是动词，因此他们以为也可以带宾语。

链接

离合词的使用情况：

1. "了"、"过"应放在第一个语素后面。例如：

    ① 见面 → 见了(过)面

    ② 睡觉 → 睡了(过)觉

    ③ 游泳 → 游了(过)泳

2. 补语放在第一个语素的后面。例如：

    ① 吵架 → 吵**完**架

    ② 见面 → 见了**一次**面

    ③ 说话 → 说了**一会儿**话

3. 后面不能带宾语或数量补语。下面的说法都是错误的。例如：

    ① ＊明天我请客**你们**。

    ② ＊你们开玩笑**老师**。

    ③ ＊我每天滑冰**一个小时**。

注意

离合词表示的动作行为所涉及的对象不能放在离合词后面作宾语，一般要用介词引导放在离合词前面，这样的离合词主要有"见面、吵架、打架、道歉、结婚、离婚、分手、聊天、谈话、散步、跳舞、游泳、滑冰、睡觉、担心、操心、开玩笑"等。例如：

① 你**跟谁**吵架了？

② 弟弟**跟他**打了一架。

③ 他**跟他的女朋友**分手了。

也有一些离合词表示的动作行为所涉及的对象要作第一个语素后面的成分的定语，这样的离合词常见的有"请客、生气、帮忙、劳驾、开玩笑、革命"等。例如：

① 妈妈在**生弟弟的气**。

② 你**帮了我的忙**,我要好好感谢你。

③ **劳您驾**,请帮我把东西搬上去。

三、宾语误用

(一) 误把定指名词(短语)用作宾语

例句

误:

① *我告诉了他**这件事**,所以他知道。

② A:那块手表很漂亮,送给我,怎么样?

　　B:*爸爸送我**那块手表**,不能给你。

正:

③ 我把**这件事**告诉了他,所以他知道。

④ A:那块手表很漂亮,送给我,怎么样?

　　B:**那块手表**爸爸送我的,不能给你。

分析

汉语的宾语有非定指的倾向,即听话人不知道说话人所说的事物具体所指。例①的宾语"这件事"、例②的宾语"那块手表"都是定指的,即说话人和听话人都知道"这件事"、"那块手表"具体指什么事、什么手表,它们都作了宾语,因此句子不成立。例①应用"把"把"这件事"提前放在"告诉了他"前面,例②的"那块手表"应放在句子前面作主语。

日本学生出现这种错误,是日语影响的结果。日语中的定指名词(短语)可以作宾语。例①、例②用日语表达分别如下:

① 私は彼にこの事を教えました。

② おとうさんは私にあの腕時計をくれました。

以上二例直译成汉语分别是"我告诉了他这件事"、"爸爸送我那块手表"。受此影响,他们经常把汉语的定指名词(短语)用作动词的宾语。

(二) 存现句的宾语错误

例句

误:

① ＊突然前面开过来**汽车**。

② ＊上面掉下去**东西**。

正:

③ 突然前面开过来**一辆汽车**。

④ 上面掉下去**一个东西**。

分析

表示"出现"的存现句,宾语多是数量名短语。例①的宾语"汽车"是名词,不符合表示"出现"的存现句对宾语的要求,应改为"一辆汽车"。

表示"消失"的存现句,宾语一般为数量名短语。例②的宾语"东西"是名词,也不符合表示"消失"的存现句对宾语的要求,应改为"一个东西"等。

日本学生出现这种错误,大概是过度类推的结果。汉语的宾语可以是名词(短语)。例如:

① 我们学习**汉语**。

② 山本回国了。

③ 他不要**那件衣服**。

正因为如此,他们以为表示"出现"或"消失"的存现句的宾语也可以是名词(短语)。

链接

表示"出现"或"消失"的存现句的宾语:

1. 表示"出现"或"消失"的存现句,宾语一般为数量名短语。例如:

① 前面来了一个人。

② 他们班走了一个学生。

③ 老王家丢了一只鸡。

2. 有时宾语可以是名词(短语)，但句末要有"了"。例如：

① 家里来人了。

② 又出问题了。

(三) 直接宾语错误

例句

误：

① ＊妈妈送那个穿红衣服的孩子手表。

② ＊老师给山本书。

正：

③ 妈妈送那个穿红衣服的孩子一块手表。

④ 老师给山本一本书。

分析

汉语具有"给予"意义的动词，当间接宾语是名词(短语)(特别是名词短语比较长)时，直接宾语一般为数量(名)，不能是名词(短语)。例①的"送"、例②的"给"都是"给予"类动词，间接宾语"那个穿红衣服的孩子"、"山本"分别是名词短语和名词，而且"那个穿红衣服的孩子"比较长，直接宾语"手表"、"书"也是名词，因此句子不成立。例①的"手表"应改为"一块手表"，例②的"书"应改为"一本书"等。

日本学生出现这种错误，是日语影响的结果。日语的直接宾语可以是名词(短语)。例①、例②用日语表达分别如下：

① お母さんはあの赤い着物を着ている子供に腕時計をあげました。

② 先生は山本さんに本をあげました。

直译成汉语分别是"妈妈送那个穿红衣服的孩子手表"、"老师给山本书"。受此影响,他们常把汉语的名词(短语)用作具有"给予"意义动词的直接宾语。

链接

直接宾语的类型:

1. "给、送、租、卖、借、还"等表示"给予"类的动词,间接宾语为名词(短语)时,直接宾语一般为数量(名)短语。例如:

① 我租他们家**一间房**。

② 昨天还图书馆**一本书**。

③ 她卖弟弟**一张票**。

但是,间接宾语为代词,在有上文提示或在对比的情况下,这些动词的直接宾语也可以为名词(短语)。例如:

① 我去买点吃的,给**我钱**。

② 你送**他书**,我送**他手表**。

2. "告诉、求、通知、报告"等的直接宾语只能是数量名短语。例如:

① 小刘告诉我**一件事**,你猜什么事?

② 我求你**一件事**。

3. "教、称、叫"的直接宾语只能是名词(短语)。例如:

① 刘老师教他们**口语**。

② 我们都称他**李师傅**。

③ 大家叫他**老王**。

(四)"进行"的宾语错误

例句

误:

① *明天我们进行**讨论这个问题**。

② *政府进行**研究邮政改革**。

正：

③ 明天我们**对**这个问题进行**讨论**。

④ 政府**对邮政改革**进行**研究**。

分析

"进行"(这样的动词还有"加以、给予、予以"等)的宾语多为双音节动词(动词前面可以出现双音节形容词之类的定语)，而且动词后面不能带宾语。例①、例②"进行"的宾语"讨论这个问题"、"研究邮政改革"中的"讨论"、"研究"都带了宾语，因此句子不成立，应把"这个问题"、"邮政改革"用介词"对"提到"进行"前面。

日本学生出现这种错误，显然是忽视了"进行"所带宾语的特点，而把它看成了一般动词。

(五)"经过"的宾语错误

例句

误：

① *经过**讨论一个小时**，大家都同意了。

② *经过**练习一个星期**，我终于会骑自行车了。

③ *经过**学习半年**，我的汉语水平提高了很多。

正：

④ 经过**一个小时的讨论**，大家都同意了。

⑤ 经过**一个星期的练习**，我终于会骑自行车了。

⑥ 经过**半年的学习**，我的汉语水平提高了很多。

分析

动词"经过"不能带"动词＋数量(名)"短语作宾语。例①、例②、例③"经过"的宾语都是"动词＋数量(名)"短语，所以句子不成立。例①的"讨论一个小时"应改为"一个小时的讨论"，例②的"练习一个星期"应改为"一个星期的练习",例③的"学习半年"应改为"半年的学习",即把"动词+数量(名)"都改为"数量(名)+的+动词"。

日本学生出现这种错误,显然也是忽视了"经过"所带宾语的特点,把"经过"当作一般动词看待了。

链接

动词"经过"的用法:

1. "经过+名词(短语)"。例如:

    ① 经过**这道手续**后,就可以入境了。

    ② 经过**半年的学习**,我们会说一些简单的句子了。

2. "经过+动词",动词一般为双音节的。例如:

    ① 经过**研究**,学校同意录取他。

    ② 经过**调查**,终于搞清了事情的真相。

3. "经过+主谓短语"。例如:

    ① 经过**大家讨论**,最后决定去上海。

    ② 这件事一定要经过**领导批准**。

第四节　定语学习中常见的错误

一、误把动词(短语)直接用作定语

例句

误:

① ***吃饭**时候不能看电视。

② ***看比赛**机会不太多。

③ *星期天我去**住在郊外**姑母的家了。

正：

④ **吃饭的**时候不能看电视。

⑤ **看比赛的**机会不太多。

⑥ 星期天我去**住在郊外的**姑母的家了。

分析

汉语的动词(短语)作名词(短语)的定语一般要带"的"。例①的"吃饭"、例②的"看比赛"、例③的"住在郊外"都是动词短语,但直接作了定语,句子都不成立,这些动词短语后面都应加上"的"。

日本学生出现这样的问题,是日语影响的结果。日语的动词(短语)可以直接作定语。例①、例②和例③用日语表达分别如下：

① ご飯を食べるとき、テレビを見ることはできません。

② 試合を見る機会はあまり多くない。

③ 日曜日にぼくは郊外に住んでいるおばの家へ行った。

以上三例直译成汉语分别是"吃饭时候不能看电视"、"看比赛机会不太多"、"星期天我去住在郊外姑母的家了"。受此影响,他们常把汉语的动词(短语)也直接用作定语。

链接

能够直接作定语的动词：

汉语有些动词属于兼类词,既可以是动词,也可以是名词,像"学习、研究、反应、锻炼、参考、惩罚、处分、创造、答复、打击、调查、发明、分析、工作、活动、纪念、奖励、教育、教学、解释、借鉴、考察、判决、评价、欺骗、实验、试验、休息、宣传、演说、演习、优待、援助、翻译、练习、统计"等,这些词可以直接作一些双音节名词的定语。例如：

① 去图书馆找**学习**资料。

② **研究**方法很重要。

③ 他们**反应**速度不够快。

④ **锻炼**计划还没有。

⑤ 这方面的**参考**资料很少。

二、"多"、"少"误作定语

例句

误：

① ＊昨天我买了**多**东西。

② ＊他有**少**朋友。

③ ＊我们的汉语不太好，因为我们有**少**机会说汉语。

正：

④ 昨天我买了**很多**东西。

⑤ 他的朋友**很少**。/他有**很少**几个朋友。

⑥ 我们的汉语不太好，因为我们说汉语的机会**很少**。/我们的汉语不太好，因为我们**很少**有机会说汉语。

分析

"多"是形容词，但不能单独作名词（短语）的定语。例①的"多"单独作了名词"东西"的定语，因此句子不成立，应改为"很多"。

"少"也不能单独作名词（短语）的定语，只能作数量（名）短语的定语。例②、例③的"少"单独作了名词"朋友"、"机会"的定语，所以句子不成立。例②应改为"他的朋友很少"，或"少朋友"改为"很少几个朋友"；例③后一句应改为"因为我们说汉语的机会很少"或"因为我们很少有机会说汉语"。

日本学生出现这种问题，也是日语影响的结果。"多"和"少"日语分别为"多い"和"少ない"，但"多い"和"少ない"可以单独作名词的定语。例如：

① 多い学生は車があります。

② 彼は私の少ない友達の1人です。

以上二例的"多い"（多）和"少ない"（少）分别作了"学生"和"友達"（朋友）的定语。正因为如此，他们以为汉语的"多"和"少"也可以单独作名词的定语。

链接

形容词"多"、"少"作定语的情况：

1. "多/少＋的＋数量（名）"。例如：

   ① **多的一箱**我要了。

   ② **多的两盒巧克力**没卖出去。

   ③ **少的一袋**给他吧。

2. "很多＋名词"。例如：

   ① **很多学生**都有汽车。

   ② 爸爸去过**很多国家**。

   但"很少"不能作名词的定语。下面的说法都不成立：

   ① ＊很少人去过那个地方。

   ② ＊我有很少钱。

3. "很少＋数量（名）"。例如：

   ① 只有**很少几个人**看过。

   ② 老板只给**很少一点儿**生活费。

   但"很多"不能作数量（名）短语的定语。下面的说法都不成立：

   ① ＊很多几个人看过。

   ② ＊他有很多一些钱。

4. "不少＋名词"。例如：

   ① **不少人**都去过那个地方。

   ② **不少老师**我都认识。

   但"不多"不能作名词的定语。下面的说法也都不成立：

① *不多人去过那个地方。

② *这个学校有不多老师。

三、误把有些"副词+形容词"用作定语

例句

误：

① *泰山是一个**真美丽的**地方。

② *北京大学是一个**真大的**大学。

正：

③ 泰山是一个**很美丽的**地方。

④ 北京大学是一个**很大的**大学。

分析

汉语有些"副词+形容词"不能作定语，这样的副词常见的有"必定、毕竟、并、不定、不妨、不料、不免、差点儿、凑巧、大约、到底、倒(是)、的确、反、反倒、反而、反正、果然、还、还是、好容易、好在、何必、几乎、简直、竟、竟然、居然、究竟、决、可、恐怕、明明、难道、怕、偏、偏偏、颇、其实、恰好、恰恰、千万、说不定、似乎、索性、万万、万一、未必、未免、幸好、幸亏、也许、约、真、正巧、只得、只好、只是、至多、至于、终究、终于、总算、最好"等。

例①的"真美丽"、例②的"真大"都作了定语，句子都不成立，应删去"真"，加上"很"等副词。

日本学生出现这种问题，是过度类推的结果。汉语的"副词+形容词"大多可以带"的"作定语，正因为这样，所以他们以为"副词+形容词"都可以作定语。

四、误把"别+动词(短语)"用作定语

例句

误：
① ＊那儿是**别抽烟**的地方。
② ＊中国没有**别看**的节目。

正：
③ 那儿是**不能抽烟**的地方。
④ 中国没有**不能看**的节目。

分析

"别+动词(短语)"只能作谓语,不能作定语。例①的"别抽烟"、例②的"别看"都作了定语,句子不成立,"别"应改为"不能"。

日本学生出现这种错误,是过度类推的结果。汉语的"否定副词+动词(短语)"一般可以作定语。例如：

① **没看过的**电影。
② **不去的**学生。
③ **未熟的**西瓜。

正因为如此,他们以为"别+动词(短语)"也可以作定语。

链接

"别"的用法：

1. "别+动词(短语)/形容词(短语)"用于劝阻或禁止。例如：
① **别**吃了,我们走吧。
② 你**别**告诉他我去过那儿。
③ **别**客气!
④ **别**太紧张!

2. "别+(不)是……吧"表示猜测,猜测的事情常常是不希望发

生的。例如：

① 他们**别不**是误了飞机吧。

② **别是**她妈妈不让她来吧。

③ 现在还没来，**别是**弄错时间了吧。

注意
"别＋动词(短语)"只能作谓语，不能作定语、宾语、补语。

五、误把"形容词(短语)＋名词"用作定语

例句

误：

① ＊那是一本**很厚封面**的书。

② ＊**很好关系**的人们之间不是这样。

正：

③ 那是一本**封面很厚**的书。

④ **关系很好**的人们之间不是这样。

分析

汉语倾向于用"主语＋形容词(短语)"作定语。例如：

① **腿长**的孩子很少。

② **腰肥**的裤子穿着不好看。

③ **价钱便宜**的东西不多。

④ **天气冷**的时候最好多穿点儿衣服。

⑤ **工作忙**的家长可以不要参加。

而不是相反，把"形容词(短语)＋名词"用作定语。下面的说法都不成立：

① ＊长腿的孩子很少。

② ***肥腰**的裤子穿着不好看。

③ ***便宜价钱**的东西不多。

④ ***冷天气**的时候最好多穿点儿衣服。

⑤ ***忙工作**的家长可以不要参加。

例①的"很厚封面"、例②的"很好关系"都是"形容词（短语）＋名词"，但都作了定语，句子不成立，应分别改为"封面很厚"、"关系很好"。

日本学生出现以上错误，是日语影响的结果。日语中"形容词＋名词"可以用作定语。例①的"很厚封面的书"、例②的"很好关系的人们"用日语表达分别如下：

① 厚い表紙の本。

② いい関係の人びと。

受此影响，他们把汉语的"形容词（短语）＋名词"也用作定语。

六、"主语＋是＋名词（短语）"误用作定语

例句

误：

① ***她是十六岁**的时候,在桌子上留下一张纸条,就离开了上海。

② ***我是大学生**的时候,到中国修学旅行过。

正：

③ **她十六岁**的时候,在桌子上留下一张纸条,就离开了上海。

④ **我大学生**的时候,到中国修学旅行过。

分析

汉语的"主语＋是＋名词（短语）"不能作定语。例①的"她是十六岁"、例②的"我是大学生"分别作了"时候"的定语，句子不成立，都应删去"是"。

日本学生出现这种错误,也是过度类推的结果。汉语的"主语＋谓语"一般可以带"的"作定语。例如:

① **你回家的**时候告诉我一声。

② 这儿就是**他们练习太极拳的**地方。

③ **你穿的**毛衣真漂亮。

正因为这样,所以他们以为"主语＋是＋名词(短语)"也可以带"的"作定语。

七、多项定语位置错误

例句

误:

① ＊我买了一件**红漂亮的**裙子。

② ＊教室都是**大明亮的**窗户。

正:

③ 我买了一件**漂亮的红**裙子。

④ 教室都是**明亮的大**窗户。

分析

汉语的单音节形容词作定语一般紧挨着名词。例①的"红"、例②的"大"都是单音节形容词,应该分别放在名词"裙子"、"窗户"前面。

日本学生出现这种错误,是日语影响的结果。例①的"红漂亮的裙子"、例②的"大明亮的窗户"用日语表达分别如下:

① 赤くて、きれいなスカート。

② 大きくて、明るい窓口。

以上二例中的"赤い"(红)、"大きい"(大)分别放在了"きれい"(漂亮)、"明るい"(明亮)前面。受此影响,他们把汉语的"红"和"大"分别放在了"漂亮"和"明亮"前面。

链接

多项定语的顺序：

多项定语分为并列关系的多项定语和递加关系的多项定语，不同性质的多项定语，出现的顺序有所不同。

并列关系的多项定语的顺序

并列关系的多项定语是指几个定语没有主次之分，它们是平等的并列关系。例如：

① 在我国，**城市、农村的**生活条件有很大的差距。

② 现在**大米、玉米、小米的**价格差不多一样了。

例①的"城市"、"农村"是并列关系，它们一起作"生活条件"的定语；例②的"大米"、"玉米"、"小米"也是并列关系，它们一起作"价格"的定语。

1. 并列关系多项定语中的连词。

并列关系多项定语如果是名词（短语）或动词（短语），一般在最后两项之间用"和"、"或"、"以及"等连接，前几项之间用"、"隔开。例如：

① 期中考试**和**期末考试的成绩都很重要。

② 躺着**或**走路的时候最好不要看书。

③ 对日本人来说，发音、汉字**和**语法的难度不一样。

2. 并列关系多项定语的顺序。

并列关系多项定语的顺序常常受到逻辑等因素的制约，一般情况下，按照下列顺序排列。

（1）先尊后卑。

① **校、系**领导参加了报告会。

② **老师、学生**的意见都很重要。

③ **冠军、亚军**的奖金差别很大。

④ **哥哥、弟弟**的岁数都不大。

(2) 先远后近。

① 前面就是**一望无际、波涛汹涌**的大海。

② 东边走过来一个**高大、英俊**的小伙子。

(3) 先外部后内部。

① 她是个**美丽、善良**的姑娘。

② 他住在一幢**坚固、宽敞**的别墅里。

(4) 先主后次。

① **学习和打工**的时间不能颠倒了。

② 作为一个在职学习人员，要安排好**工作、学习**的时间。

(5) 以发生时间的先后为序。

① **预习、复习**的时间太少。

② **结过婚、离过婚**的人都可以报名。

3. 并列关系多项定语与"的"。

并列关系多项定语一般最后一项后面带"的"。例如：

① **伟大而光荣**的祖国！

② **快乐而又紧张的**大学学习生活就要结束了。

③ 在中国留学的时候，得到了**老师、同学和邻居**的不少帮助。

但是有时候为了突出定语，每项后面也可以都带"的"。例如：

① 为了健康，**爱吃的、不爱吃的**东西都得吃。

② 中华民族是一个**勤劳的、勇敢的**民族。

递加关系多项定语的顺序[1]

递加关系多项定语是指各项定语之间没有直接的关系,它们依次修饰后面的成分。递加关系多项定语之间不能有停顿。例如:

① **那个穿毛衣的男孩子**叫什么名字?

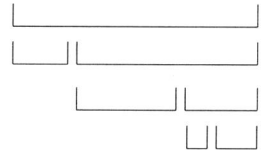

② 我买了**一本汉日小词典**。

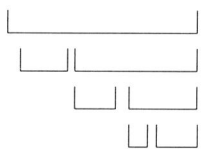

递加关系多项定语的顺序十分复杂,不过,也有一些规律,其规律大致如下:

［1］表示领属关系的名词(短语)或代词

［2］表示时间或处所的名词(短语)

［3］指示代词

［4］数量短语

［5］主谓短语、动词(短语)、介词短语

［6］形容词(短语)

［7］不带"的"的形容词和描写性名词

例如:

① **那件**衣服我不要了。

　　［3］［4］

----

① 参见《实用现代汉语语法(增订本)》(PP. 488－494)。

② 这就是**她家明年**的口粮。
　　　　　[1] [2]

③ 现在是**一年中最热**的时候。
　　　　　[2]　[6]

④ 找一个**大家都没事**的周末聚一聚。
　　　[4]　　[5]

⑤ **那一筐小一点儿的国光**苹果没卖出去。
　[3][4]　　[6]　　　[7]

值得注意的是，有时会出现多个不带"的"的形容词或描写性名词，它们的顺序大致为：

时间性的＋体积性的＋颜色性的＋形体性的＋质地性的＋中心语
　[1]　　　[2]　　　[3]　　　[4]　　　[5]

① 商场装上了**新玻璃**门。
　　　　　　[1][5]

② 中间有个**小圆**点儿。
　　　　　[2][4]

③ 我家换了一台**银灰色液晶**电视机。
　　　　　　　　[3]　[5]

八、定语带不带"的"错误

(一) 漏用"的"

例句

误：

① ＊我也有**这样**词典。

② ＊在日本，**那么漂亮**衣服很贵。

正：

③ 我也有**这样的**词典。

④ 在日本，**那么漂亮的**衣服很贵。

分析

"这样"作定语，要带"的"。例①的"这样"没带"的"，句子不成立，应加上"的"。

"这么/那么+形容词"作定语，也要带"的"。例②的"那么漂亮"没带"的"，句子不成立，也应加上"的"。

日本学生出现这种错误，是受日语影响的结果。例①、例②用日语表达分别为：

① 私はこんな辞書もあります。

② 日本にはあんなに奇麗な着物の値段がとても高い。

以上二例直译成汉语分别是"我也有这样词典"、"在日本，那么漂亮衣服很贵"，也就是说日语中跟汉语的"这样"、"那么漂亮"相当的成分可以直接作定语。受此影响，他们把汉语的"这样"、"那么漂亮"也直接用作定语。

(二) 误用"的"

例句

误：

① ＊我认识那个**的**人的朋友。

② ＊这**的**事情不重要。

正：

③ 我认识那个人的朋友。

④ 这事情不重要。

分析

"指示代词+量词"作定语，不带"的"。例①的"那个"带"的"了，句子不成立，"的"应删去。

指示代词"这"、"那"作定语,不带"的"。例②的"这"带"的"了,句子也不成立,"的"也应删去。

日本学生出现这种错误,也是日语影响的结果。日语的"この"、"あの"相当于汉语的"这"、"那","この"、"あの"后面都有"の",而"の"又相当于汉语的"的",因此他们以为汉语的"这"、"那"作定语要带"的"。

链接

定语带"的"情况:

1. 名词。

(1) 表示职业、质料、功能、用途、产地等的名词作定语一般不带"的"。例如:

汉语老师(教汉语的老师,"教汉语"是职业)

玻璃杯子("玻璃"是质料)　**金华**火腿("金华"是产地)

(2) 表示领属义的名词作定语要带"的"。例如:

李明的书　**学校的**桌子　**老师的**经验　**弟弟的**脾气

(3) 单音节方位名词作定语不带"的",双音节方位名词作定语要带"的"。例如:

上铺　**下**铺　**里**屋　**外**屋　**左**手　**右**手

前面的人　**后面的**位置　**东边的**楼　**上面的**书

2. 代词。

(1) 人称代词作定语,中心语表示人的,一般不带"的";中心语表示事物的,要带"的"。例如:

他爸爸　**我**弟弟　**我们**老师

他的东西→*他东西　**我的**书包→*我书包

我们的桌子→*我们桌子

(2) 指示代词作定语不带"的"。例如:

这人　**那**班　**这**东西　**那**书包

（3）疑问代词作定语有的要带"的"，有的不能带"的"。一般情况下，"谁、怎么样"作定语要带"的"。例如：

　　谁的东西→***谁**东西　　**谁的**妈妈→***谁**妈妈
　　怎么样的人→***怎么样**人　**怎么样的**环境→***怎么样**环境

但是如果中心语是"一＋量词＋名词"，"怎么样"作定语一般不带"的"。例如：

① 他是**怎么样**一个人，你不知道吗？
② 那是**怎么样**一所学校，大家都很清楚！

以上各句中的"怎么样"也可以换成"怎么"。例如：

① 他是**怎么**一个人，你不知道吗？
② 那是**怎么**一所学校，大家都很清楚？

"什么"作定语不能带"的"。例如：

　　什么人→***什么的**人　**什么**事情→***什么的**事情

3. 形容词和形容词短语。

（1）单音节形容词作定语一般不带"的"。例如：

① 她是一个**好**人。
② **大**房间没有了，只剩下**小**房间了。
③ 我买了一本**新**书。

但是为了突出或强调，有时也可以带"的"。例如：

① 这间**大的**房间给我住吧！
② 请给我换一本**新的**书。

（2）双音节形容词修饰单音节名词要带"的"。例如：

① 你找我，有什么**重要的**事吗？
② 他是一个**伟大的**人。

双音节形容词修饰双音节名词，可以带"的"，也可以不带。例如：

① 孩子们今天都穿上了**漂亮**衣服。

孩子们今天都穿上了**漂亮的**衣服。

② **重要**问题明天再讨论。

重要的问题明天再讨论。

③ 我想换一个**干净**房间。

我想换一个**干净的**房间。

(3) 形容词重叠式作定语要带"的"。例如：

① 那孩子**高高的**个子，**大大的**眼睛，挺好看的。

② 大家排着**整整齐齐的**队伍往前走。

4. 动词和动词短语。

动词和动词短语作定语一般要带"的"。例如：

① **买的**人不多。

② 这是**妈妈织的**毛衣。

③ **下雨的**时候最好不要去爬山。

有些双音节动词修饰双音节名词，不会被误解为动宾关系，动词后面一般不带"的"。例如：

① **学习**方法很重要。

② 要注意**教育**方式。

5. 数词、数量短语。

百分数作定语一般带"的"。例如：

① **百分之五十的**学生都学过英语。

② 我们只有**百分之八十的**获胜把握。

数量短语作定语一般不带"的"，带"的"表示描写。例如：

① 没有**一斤的**苹果，只有半斤的。（"一斤的苹果"意思为"一个苹果一斤重"）

② 妈妈买了一条**两斤的**大鲫鱼。（"两斤的大鲫鱼"意思为"一条鲫鱼两斤重"）

数量重叠式有两种情况,一 AA 式作定语可以不带"的",一 A 一 A 式作定语要带"的"。例如:

① 路边是**一排排**白杨树。

② **一座座**青山,**一条条**河流,组成了一个美丽的画卷。

③ 桌子上摆着**一台一台的**电脑。

④ 商店门口堆着**一堆一堆的**白菜。

量词重叠式作定语不带"的"。例如:

① **条条**大路通罗马。

② 那个人气得脸上**道道**青筋突起。

6. 主谓短语。

主谓短语作定语要带"的"。例如:

① 这是**爸爸送给我的**礼物。

② 坐车时不能随便吃**别人给的**东西。

7. 介词短语。

介词短语作定语要带"的"。例如:

① 我想谈谈**关于这件事的**一些看法。

② 这是**对大家的**鼓励。

第五节 状语学习中常见的错误

一、状语位置错误

(一) 单项状语位置错误

例句

误:

① *如果天气不太好,**就**我不去长城。

② *终于今天没有下雨。

正：

③ 如果天气不太好，我**就**不去长城。

④ 今天**终于**没有下雨。

分析

汉语的关联副词要放在主语后面。例①的"就"是关联副词，却放在了主语"我"前面，位置不对，"就"应放在"我"后面。

语气副词一般放在主语后面。例②的语气副词"终于"放在主语"今天"前面了，位置不对，"终于"应放在"今天"后面。

日本学生出现这种错误，是过度类推的结果。汉语的连词一般位于主语前面，不少副词也可以位于主语前面，受此影响，他们以为副词都可以位于主语前面。

链接

单项状语的位置：

1. 形容词（短语）。

形容词（短语）作状语位于主语后。例如：

① 咱们**快**走吧！

② 他**很少**看电视。

2. 副词。

（1）副词多位于主语后，谓语动词前。例如：

① 我们**已经**学了三课了。

② 你**赶快**回去，你妈到处找你呢！

③ 心情**从来**没有这么好过。

（2）有些副词位于主语前、后都可以。例如：

① **的确**我不知道。

　　我**的确**不知道。

② **偏偏**老师不在。

　老师**偏偏**不在。

③ **早晚**我会搞清楚的。

　我**早晚**会搞清楚的。

不过,位于主语前和主语后,句子的意思稍有差别。位于主语前有突出副词的作用,位于主语后没有这种作用。

能够位于主语前、后的副词不少,主要是语气副词和时间副词,常用的有"毕竟、不禁、差点儿、大约、到底、的确、反而、反正、果然、还是、好容易、好在、何必、或许、几乎、简直、竟然、究竟、就是、居然、恐怕、明明、难道、怕、偏、偏偏、其实、恰好、恰恰、恰巧、千万、甚至、生怕、势必、是否、说不定、似乎、索性、万一、未必、无非、幸亏、也许、一旦、正巧、只得、只好、只能、只是、只有、终究、总算、最好、不时、曾经、从小、顿时、刚刚、回头、立即、立刻、马上、偶尔、仍旧、随后、随即、先、向来、眼看、一度、一会儿、一向、已、已经、永远、有时、早晚、正在、总(是)"等。这些副词尽管可以位于主语前,但是仍以位于主语后、谓语动词前为常见。

(3) 当主语为疑问代词时,语气副词一般位于主语前面。例如:

① **到底**谁没交钱?

② **其实**谁都知道这是怎么回事。

③ **究竟**哪儿不舒服?

(4) "凡、凡是"只能位于主语前。例如:

① **凡**去过这个地方的就不要去了。

② **凡是**大学生都得参加英语四级考试。

(5) 口语中,有些副词也可以出现在句末。例如:

① 去了三天了,**大概**。

② 外边下雨呢,**正在**!

③ 你的孩子八岁了,**已经**?

能出现在句末的副词常用的有"才、都、刚、还、就、也、又、再、在、正、毕竟、不妨、曾经、差点儿、重新、从来、凑巧、大约、到底、倒(是)、的确、反倒、反而、反正、赶紧、赶快、还是、好在、忽然、或许、几乎、简直、竟然、究竟、居然、恐怕、马上、难道、偶尔、恰好、其实、全都、稍微、顺便、似乎、索性、未免、向来、幸好、幸亏、也许、说不定、有(一)点儿"等。例如：

① 来了五个人，**才**。

② 八点了，**都**。

③ 他们是孩子，**毕竟**！

④ 早点回家吧，**还是**。

⑤ 明天有大雨，**说不定**。

副词出现在句末，主要是为了突出句子的前一部分，位于句末的副词起着补充的作用。

注意

关联副词"就"只能位于主语后面，语气副词"终于"一般位于主语后面。

3. 数量(短语)。

数量(短语)作状语一般位于主语后。例如：

① 爸爸**一口**把酒都喝了。

② 大家**一本一本**地把书摆上书架。

4. 动词(短语)。

动词(短语)作状语位于主语后。例如：

① 雪还在**不停**地下着。

② 我们正在**有计划**地做一些工作。

5. 象声词。

象声词作状语一般位于主语后。例如：

① 水哗哗地流着。

② 谁在砰砰地砸门，你去看看！

6. 介词短语。

(1) 只能位于主语前的。

"关于、至于、当"等组成的介词短语只能位于主语前，而且后面有"，"隔开。例如：

① **关于这个问题**，我们还得再讨论一次。

② **至于什么时候去**，他没说。

③ **当我们离开的时候**，外边下着大雨。

(2) 只能位于主语后的。

"把、被、叫、让、给、替、离、跟、同、和、朝、向、往"等组成的介词短语只能位于主语后。例如：

① 你们**把桌子**搬进来！

② 衣服都**被雨**淋湿了。

③ 词典**叫人**拿走了。

④ 自行车**让弟弟**摔坏了。

⑤ 我**给你**买了一件衣服。

⑥ 今天王老师**替刘老师**上课。

(3) 位于主语前、后都可以的。

"对、对于、为、为了、按照、依照、根据"等组成的介词短语既可以位于主语前，也可以位于主语后。例如：

① 你**对这件事**有什么看法？

　对这件事你有什么看法？

② **为了你**，我不知挨了多少批评。

　我**为了你**不知挨了多少批评。

③ **根据规定**，你必须今年毕业。

你**根据规定**必须今年毕业。

7. 固定短语。

固定短语作状语一般位于主语后。例如:

① 孩子们**兴高采烈**地跑了回来。

② 大家都**坐卧不安**地等待着考试的结果。

(二) 多项状语顺序错误

例句

误:

① ＊你把这件事**别**忘了。

② ＊衣服被雨**没**淋湿。

正:

③ 你**别**把这件事忘了。

④ 衣服**没**被雨淋湿。

分析

"把"字句中否定副词要放在"把"字前面。例①的否定副词"别"放在了谓语动词前面,所以不正确,"别"应放在"把"字前面。

"被"字句中否定副词要放在"被"字前面。例②的"没"放在了谓语动词前面,因此不正确,"没"应放在"被"字前面。

日本学生出现这种错误,显然是过度类推的结果。汉语的否定副词一般位于谓语动词前面,因此他们以为"把"字句、"被"字句中否定副词也应该位于谓语动词前面。

链接

多项状语的顺序[①]:

1. 并列关系多项状语的顺序。

---

① 参见《实用现代汉语语法(增订本)》(PP. 522—529)。

并列关系多项状语是指多项状语没有主次之分,它们联合起来共同修饰或限制同一个中心语。例如:

① 你必须**认真**、**严肃地**对待这个问题。

② 她**坚决**、**不失礼貌地**拒绝了他们。

并列关系多项状语之间一般用"、"隔开,状语后面如果用"地","地"多用在最后一项状语后面。例如:

① 大家**心平气和**、**好好地**想想。

② 他**无条件**、**毫无保留**、**心甘情愿地**把成功的经验告诉了我们。

但是,如果突出多项状语,也可以每项后面都用"地"。例如:

他**无条件地**、**毫无保留地**、**心甘情愿地**把成功的经验告诉了我们。

并列关系多项状语的顺序相对自由一些。例如:

① 这么做**对自己**、**对别人**都有好处。

这么做**对别人**、**对自己**都有好处。

② 部长**耐心**、**诚恳地**听取了大家的意见。

部长**诚恳**、**耐心地**听取了大家的意见。

2. 递加关系多项状语的顺序。

递加关系多项状语是指多项状语依次修饰其后的谓语部分,这些状语也没有主次之分。例如:

① **赶快**把车开回去。

② 事实**却恰恰**相反。

③ 你们俩**不一块**去吗？

④ 昨天宴会大家**都没**吃饱。

⑤ 同学们**全都没**想到考得这么好。

递加关系多项状语的顺序非常复杂，但是也有一定的规律，其规律大致如下：

[1] 表示语气、关联的

[2] 表示时间的

[3] 表示范围、否定的

[4] 描写动作行为者的

[5] 表示目的、依据、协同的

[6] 表示处所、方向、路线的

[7] 表示对象的

[8] 描写动作行为的

例如：

① 他们**竟然偷偷地**走了。
　　　　[1]　[8]

② 这事**似乎已经被人们**遗忘了。
　　　[1] [2]　　[7]

③ 她**果然也把我的衣服**洗了。
　　　[1][1]　　[7]

④ 法院**已经依据法律严肃地**做了判决。
　　　　[2]　　[5]　　　[8]

⑤ 上课铃一响,同学们**就**三五成群**地**往教室里走。
　　　　　　　　　[1]　　[4]　　　　[6]

> **注意**
>
> 1. 多项状语的顺序并不是绝对的,有时候为了强调或突出某个状语,位置也可以发生变动,主要有以下几种情况。
>
> (1) 表示动作行为者所在处所的"在……"、"从……"也可以放在描写动作行为者的前面。例如:
>
> ① 我**舒舒服服在家**睡了一觉。
> 　　[4]　　[6]
>
> 我**在家舒舒服服**睡了一觉。
> 　　[6]　　[4]
>
> ② 老刘**不好意思地从屋里**走了出来。
> 　　　[4]　　　[6]
>
> 老刘**从屋里不好意思地**走了出来。
> 　　[6]　　　[4]
>
> (2) 描写动作行为的也可以放在表示处所、方向、路线的前面。例如:
>
> ① 上课的时候他**从教室里偷偷地**溜出去了。
> 　　　　　　　[6]　　　[8]
>
> 上课的时候他**偷偷地从教室里**溜出去了。
> 　　　　　　[8]　　　[6]
>
> ② 大家**往前一点一点地**移动。
> 　　　[6]　　　[8]
>
> 大家**一点一点地往前**移动。
> 　　　[8]　　　[6]

(3) 关联副词"也"可以位于表示对象的状语之后。例如：

她<u>也把我的衣服</u>洗了。
　　　［1］　［7］

她<u>把我的衣服也</u>洗了。
　　　［7］　［1］

2. 描写动作行为的状语同时出现时，一般音节多的在前。例如：

① 到了北京以后，就<u>马不停蹄地直</u>飞上海。

② 做完题一定要<u>一遍一遍地仔细</u>检查。

3. 表示范围的状语也可以在表示否定的状语后面，但意思不同。例如：

① 大家<u>全不</u>会。

② 大家<u>不全</u>会。

③ 他们<u>都不</u>是外国人。

④ 他们<u>不都</u>是外国人。

例①是说"每个人都不会"，但例②是说"部分人会"；例③是说"他们每个人都不是外国人"，但例④是说"他们中部分人是外国人"。

二、状语带不带"地"错误

(一) 误用"地"

例句

误：

① ＊梅雨的时候日本**经常地**下雨。

② ＊你**大概地**说一下。

正：

③ 梅雨的时候日本**经常**下雨。

④ 你**大概**说一下。

分析

"经常"是时间副词,作状语一般不带"地",例①的"地"应删去。

"大概"是语气副词,作状语不带"地",例②的"地"也应该删去。

日本学生出现这种错误,是过度类推的结果。副词作状语很多可以带"地"。例如:

① 他回国后,我**更加地**寂寞了。

② 你们**尽快地**离开这个地方。

③ 应该**逐步地**加以改进。

正因为如此,他们以为副词作状语都可以带"地"。

(二) 漏用"地"

例句

误:

① ＊大家**吃惊**看着她。

② ＊同学们**高兴**回来了。

正:

③ 大家**吃惊地**看着她。

④ 同学们**高兴地**回来了。

分析

双音节形容词作状语,如果描写动作行为者,一般要带"地"。例①的"吃惊"、例②的"高兴"分别描写动作行为者"大家"和"同学们",但没带"地",因此句子不成立,"吃惊"、"高兴"后面都应该加上"地"。

日本学生出现这种错误,是日语影响的结果。例①的"吃惊"日语是"びっくり","びっくり"是个动词,可以跟其他动词连用。受此影响,他们误把"吃惊"也直接用在其他动词前。

例②用日语表达如下:

学生は嬉しく帰りました。

该例的"嬉しく"是"嬉しい"(高兴)的连用形,即形容词作副词用。正因为这样,他们以为汉语的形容词也可以直接作状语。

链接

状语带"地"情况:

1. 形容词。

(1) 单音节形容词作状语不能带"地"。例如:

① 有事**快**说!

② **慢**走!

③ 学汉语一定要**多**说、**多**看、**多**记!

(2) 双音节形容词作状语一般要带"地"。例如:

① 他**高兴地**走了。

② 我们**愉快地**见了一次面。

③ 主任**热情地**接待了我们。

(3) 形容词重叠式带不带"地"都可以。例如:

① **慢慢(地)** 走出去。

② **重重(地)** 摔在了地上。

③ 昨天晚上**痛痛快快(地)** 游了一次泳。

④ 一年就这么**紧紧张张(地)** 过去了。

不过,带"地"以后有突出或强调的意味。试比较:

① 妈妈把孩子**轻轻**放在床上。

② 妈妈把孩子**轻轻地**放在床上。

2. 副词。

(1) 单音节副词作状语不能带"地"。例如:

① 你**再**说一遍。

② 妈妈下班**刚**回来。

③ 外边**在**下雪呢!

(2) 双音节副词绝大多数不能带"地"。例如:

① 这儿**曾经**发过一次洪水。

② 那件事**简直**把我气坏了。

③ 明天**也许**就好了。

(3) 有些双音节副词带不带"地"都可以。例如:

① 他**偷偷**(地) 出去了。

② 雨**渐渐**(地) 小了。

③ 这种办法非常好,应该**大力**(地) 提倡。

不过,这种副词不多,常用的有"暗暗、不断、不住、大力、大肆、分别、胡乱、缓缓、极力、渐渐、尽量、来回、连连、默默、悄悄、日益、随意、特意、偷偷、逐步、逐渐、及早、尽快、偶尔、永远、格外、更加、极度、略微、稍微、十分、简直、偏偏、常常、多么、反复、一再、再三"等。

应该注意的是,带不带"地"意思稍有不同,带"地"有突出副词的作用,不带"地"没有这种作用。试比较:

老师**一再**强调这个问题。

老师**一再地**强调这个问题。

3. 动词(短语)。

描写动作行为者的动词,作状语一般要带"地"。

雨还在**不停地**下着。

描写谓语动词的,作状语可以带"地",也可以不带。例如:

你别在这儿**来回**(地) 走好不好?

动词短语作状语,不管描写动作行为者还是描写动词的,一般要带"地"。例如:

① 他们**有条件地**同意了这个计划。

② 我们**连推带拉地**把他请来了。

4. 数量(短语)。

数量短语作状语,不带"地"。例如:

① 弟弟**一口**就把一个饺子全吃了。

② 一紧张,**一下子**什么都记不起来了。

③ 警察**一把**抓住了那个小偷。

数量重叠式作状语,可带"地",也可以不带。例如:

① 路要**一步一步**(地) 走。

② 时间在**一天一天**(地) 过去。

③ 雪花**一团团**(地) 往下落。

④ 他**一趟趟**(地) 来看她。

5. 象声词。

单音节象声词作状语要带"地"。例如:

① 孩子**哇地**哭了起来。

② 弟弟突然**啪地**把灯关了。

双音节、多音节象声词作状语可以带"地",也可以不带。例如:

① 风**呼呼**(地) 刮着。

② 大家**哈哈**(地) 大笑起来。

③ 他**噼里啪啦**(地) 把家里的东西扔了出来。

6. 介词短语。

介词短语作状语不能带"地"。例如:

① 抽烟**对身体**不好。

② 他们**往北**走了。

7. 固定短语。

固定短语作状语可以带"地",也可以不带。例如:

① 我**稀里糊涂**(地) 签了字。

② 大家**马不停蹄**(地) 干了起来。

三、主谓谓语句中状语的位置错误

例句

误:

① *他**才**昨天到上海。

② *弟弟**刚**肚子好。

正:

③ 他昨天**才**到上海。

④ 弟弟肚子**刚**好。

分析

时间副词一般位于小主语后面。例①的时间副词"才"、例②的"刚"分别放在小主语"昨天"和"肚子"前面了,句子不成立,应该分别放在"昨天"和"肚子"后面。

日本学生出现这种错误,是过度类推的结果。主谓谓语句中,副词状语有的可以放在小主语前面,正因为这样,所以他们以为副词状语都可以放在小主语前面。

链接

副词作状语在主谓谓语句中的位置:

1. 时间副词一般位于小主语后面。例如:

① 我们明天**就**出发。

② 你们现在**立刻**回去。

2. 语气副词可以位于大主语后,也可以位于小主语后。例如:

① 你明天**到底**去不去?

你**到底**明天去不去?

② 烤鸭**难道**他没听说过?

烤鸭他**难道**没听说过?

3. 关联副词可以位于大主语后,也可以位于小主语后。例如:

① 你身体不舒服,他**也**身体不舒服。

② 你身体不舒服,他身体**也**不舒服。

小主语为周遍性主语"什么"、"谁"、"哪儿"等或"一+量词+名词"以及量词重叠式时,关联副词位于小主语前。例如:

① 不按我说的办,你**就**什么都得不到。

② 已经两个月了,他**却**一个工作也没找到。

③ 只要有钱,我**就**样样给你买。

小主语为施事时,关联副词位于小主语后。例如:

① 老师一讲,那个问题我们**就**明白了。

② 明天他**也**去。

4. 重复副词一般位于小主语后。例如:

① 你明天**再**来吧!

② 他昨天**又**迟到了。

③ 这个字你**再**重写一遍。

"常、常常、经常"有时既可以位于大主语后,也可以位于小主语后,但意思不同。例如:

① 爸爸**常**星期天加班。(意思为"爸爸经常星期天加班,其他时间不加班")

　爸爸星期天**常**加班。(意思为"爸爸经常星期天加班,很少休息")

② 那个字**常常**弟弟写错。(意思为"那个字经常是弟弟写错,别人不写错")

　那个字弟弟**常常**写错。(意思为"弟弟写那个字经常出错")

5. 情态副词位于小主语后。例如:

① 饭你**慢慢**地吃。

② 钥匙你们**赶快**送回去。

③ 分班的事咱们**好好**商量商量。

6. 范围副词有的只能位于小主语后；有的可以位于大主语后，也可以位于大主语前；还有的位于大主语后、小主语后都可以。不过，位置不同，意思往往也有差别。例如：

① 这些天他**净**瞎忙活。

② 他**就**明天有时间。（"就"限定"明天"，意思相当于"他只有明天有时间"。）

　　就他明天有时间。（"就"限定"他"，意思相当于"只有他明天有时间"。）

③ 我们**都**明天去。（含有"我们去的时间是明天，不是后天"的意思。）

　　我们明天**都**去。（意思相当于"我们明天全部去"。）

只能位于小主语后的主要是"净"。可以位于大主语后，也能位于大主语前的主要有"就、仅、仅仅"等；既能位于大主语后，也能位于小主语后的主要有"都、全都、全、只"等。

四、"为了……"位置错误

例句

误：

① *我来中国**为了**学习汉语。

② *我们去旅游**为了**了解中国。

正：

③ 我来中国**是**为了学习汉语。／为了学习汉语，我来中国。

④ 我们去旅游**是**为了了解中国。／为了了解中国，我们去旅游。

分析

状语"为了……"一般放在句子前面，有时为了强调，也可以放在后面，但是"为了……"前面应该加上"是"。例①、例②的"为了学习汉语"和"为了了解中国"前面都没有"是"，应该在"为了"前面加上"是"；或者把"为了学习汉语"和"为了了解中国"放在句子前面，并且后面用"，"分别与"我来中国"、"我们去旅游"隔开。

日本学生出现这种错误，大概是英语影响的结果。例①、例②用英语表达分别为：

① I came to China for learning Chinese.

② We went to travel for knowing China.

直译成汉语分别是"我来中国为了学习汉语"、"我们去旅游为了了解中国"。受英语影响，他们常把"为了……"放在句子后面。

第六节　补语学习中常见的错误

一、漏用结果补语

例句

误：

① *书店没有这本书，所以我没**买**。

② *在泰山上我们没**看**日出。

正：

③ 书店没有这本书，所以我没**买到**。／书店没有这本书，所以我没**买着**。

④ 在泰山上我们没**看到**日出。

分析

例①不是"没买",而是"没买到/着","买"后面没有结果补语,应该加上"到"、"着"等结果补语。

例②不是"没看",是"看了",但"没看到","看"后面缺少结果补语"到"。

日本学生出现此种错误,是受日语影响的结果。例①、例②用日语表达分别为:

① 本屋にはこの本がないので、私は買えませんでした。

② 泰山で私たちは日の出が見えませんでした。

以上二例直译成汉语分别是"书店没有这本书,所以我没能买"、"在泰山上我们没能看日出","买"和"看"的后面都不带结果补语。正因为这样,该用结果补语他们常常没有使用。

二、趋向补语使用中的错误

(一) 误用趋向补语

例句

误:

① *钱包从书包里掉出了。

② *我们一步一步慢慢爬上了。

正:

③ 钱包从书包里掉**出来**了。

④ 我们一步一步慢慢爬**上去**了。

分析

简单趋向补语和复合趋向补语意义虽然相近,但是用法上有一些差别,一般情况下,"主语+动词+简单趋向补语"不能单用("来"、"去"除外),常常要有后续句子,或"动词+简单趋向补语"带上宾语。"主语

＋动词＋复合趋向补语"可以单用，不需要后续句子。例①的"钱包从书包里掉出"后面没有后续句子，也没有宾语，所以不成立，"出"应改为"出来"。

例②的"我们一步一步爬上了"后面没有宾语，也没有后续句子，也不成立，"上"应改为"上去"。

日本学生出现这种错误有两个原因。一是忽视了简单趋向补语和复合趋向补语用法上的差别，以为简单趋向补语和复合趋向补语意义大体相同，因此可以互换。二是受到了日语的影响。日语中缺乏复合趋向补语，因此他们常常用简单趋向补语代替复合趋向补语。

注意

"动词＋简单趋向补语"作谓语要带宾语（"来"、"去"除外），不带宾语，句子就不成立。例如：

① ＊你伸出！—你伸出手！
② ＊请举起！—请举起手！
③ ＊老师从外边**走进**了。—老师从外边**走进**了教室。

（二）漏用趋向补语

例句

误：

① ＊我们走进教室，孩子们就**安静**了。
② ＊老师刚说完，我就**紧张**了。

正：

③ 我们走进教室，孩子们就**安静下来**了。
④ 老师刚说完，我就**紧张起来**了。

分析

例①的"安静"、例②的"紧张"后面没有趋向补语，句子不成立，应分别在"安静"、"紧张"后面加上"下来"、"起来"。

日本学生出现这样的错误,是日语影响的结果。例①、例②用日语表达分别如下:

① 私たちは教室にはいって,子供たちは静かだ。

② 先生が話し終ってから,私はすぐに緊張しました。

直译成汉语分别是"我们走进教室,孩子们就安静了"、"老师刚说完,我就紧张了"。受此影响,该用趋向补语时他们经常不使用。

(三) 立足点错误

例句

误:

① *咱们坐**下去**谈谈吧!

② *小孩用烤肉的木棍打蛇,他举起木棍打**下来**,木棍上的鸡肉飞了出去。

正:

③ 咱们坐**下来**谈谈吧!

④ 小孩用烤肉的木棍打蛇,他举起木棍打**下去**,木棍上的鸡肉飞了出去。

分析

"来"的立足点就是动作行为的目标,表示动作行为朝着立足点移动;"去"的目标在立足点以外,表示动作行为离开立足点向另一目标移动。例①的"坐下去"立足点错误,一般情况下立足点就是坐的地方,应改为"坐下来"。

例②的立足点应该是说话人所在的地方,不可能是"蛇"所在的地方,"下来"应改为"下去"。

日本学生出现这种错误,与趋向补语的立足点比较复杂有很大的关系。"来"和"去"一般以说话人为立足点,但"来"表示向立足点移动,

"去"表示离开立足点向另一目标移动。例如：

① 老师向我走**来**。（立足点是说话人，动作行为朝着立足点移动。）

② 我们跳过**去**吧。（立足点是说话人，动作行为离开立足点向另一目标移动。）

用第三人称进行客观叙事时，可以把立足点放在正在叙述的人物所在的位置上，也可以放在某一处所、时间上。例如：

① 突然从窗户飞**进来**一只鸟，把他吓了一大跳。（立足点为"他"所在的位置）

② 他冲进去把孩子抱了**出来**。（立足点为"他"原来所在的位置）

③ 时间在一分一秒地过**去**。（立足点为"现在"）

正因为这样，所以他们常常搞不清楚。

（四）"想起来"和"想出来"混用

例句

误：

① *他**想出**过去的事情**来**。

② *我**想起来**一个好办法。

正：

③ 他**想起**过去的事情**来**。

④ 我**想出来**一个好办法。

分析

"想出来"表示所想的事情是不存在、不知道的，通过想，才出现，才知道。例①的"过去的事情"已经存在，所以不能用"想出来"，"想出来"应改为"想起来"。

"想起来"表示所想的事情过去已经存在或知道。例②的"一个好办法"是不存在的、不知道的,因此不能用"想起来","想起来"应改为"想出来"。

日本学生出现这种错误,是忽视了"想起来"和"想出来"意义上的差别。

(五)"动词+来/去"带宾语位置错误

例句

误:

① *我们昨天才回来**北大**。

② *我进去**故宫**。

③ *服务员上去**楼**了。

正:

④ 我们昨天才回**北大**来。

⑤ 我进**故宫**去。

⑥ 服务员上**楼**去了。

分析

宾语为表示处所的词语时,只能放在"动词+来/去"中的"动词"和"来"、"去"之间。例①、例②、例③的宾语都是处所词,但却放在"来"、"去"的后面了,所以是错误的,这些宾语都应该放在"来"、"去"的前面。

日本学生出现这种错误,是过度类推的结果。数量(名)短语作"动词+来/去"的宾语时,可以放在"动词+来/去"的后面,受此影响,他们以为表示处所的词语也可以放在"动词+来/去"后面作宾语。

链接

"动词+简单趋向补语"带宾语的位置:

"动词+简单趋向补语"带宾语有两个位置:

A. 动词+简单趋向补语+宾语

B. 动词+宾语+简单趋向补语

A、B中的宾语都有一定的条件,大致情况如下:

1. "动词+简单趋向补语+宾语"中的"宾语"。

补语为"来"、"去","宾语"一般为数量(名)短语。例如:

① 妈妈给我带来**几本书**。

② 我给弟弟寄去**一些钱**。

不过,一些抽象名词,像"希望、失望、实惠、效果、问候"等,也可以位于"来"、"去"的后面。例如:

① 经济发展给农民带来了**希望**。

② 公司没给职工带来**实惠**。

③ 我这次来,带来了**领导对大家的问候**。

补语为"来"、"去"以外的趋向补语,"动词+简单趋向补语+宾语"中的"宾语"一般没有限制。例如:

① 爬上**山**。

② 跳下**楼**。

③ 走进**教室**。

④ 拿起**一件衣服**。

⑤ 搬开**那张桌子**!

2. "动词+宾语+简单趋向补语"中的"宾语"。

补语为"来"、"去","宾语"可以是处所词、一般名词,也可以是数量(名)短语。例如:

① 回**房间**去!("房间"为处所词)

② 上**楼**去!("楼"为处所词)

③ 进**屋**去!别在这儿站着!("屋"为处所词)

④ 明天别忘了带**钱**来。("钱"为一般名词)

⑤ 去找**几个人**来!("几个人"为数量名短语)

⑥ 给你弟弟带**一件**去。("一件"为数量短语)

(六)"动词+复合趋向补语"带宾语位置错误

例句

误:

① *有时候我也想**起来**过去的大学生活。

② *把球送**回去**宿舍。

③ *服务员跑**上去**楼。

正:

④ 有时候我也想**起**过去的大学生活**来**。

⑤ 把球送**回**宿舍**去**。

⑥ 服务员跑**上**楼**去**。

分析

名词(短语)作宾语只能放在复合趋向补语"出来、出去、进来、进去、过来、过去、上来、上去、下来、下去、回来、回去、起来"等之间,不能放在它们后面。例①、例②、例③的宾语都是名词(短语),但放在了"起来、回去、上去"的后面,位置错误,这些宾语应该放在"起来、回去、上去"之间。

日本学生出现这种错误,同样是过度类推的结果。宾语为数量(名)短语时,可以位于"动词+复合趋向补语"的后面,所以他们以为名词(短语)也可以放在"动词+复合趋向补语"后面作宾语。

链接

"动词+复合趋向补语"带宾语的位置:

"动词+复合趋向补语"带宾语主要有三种位置:

A. 动词+复合趋向补语+宾语

B. 动词+简单趋向补语+宾语+来/去

C. 把+宾语+动词+复合趋向补语

A、B、C 三种格式中的宾语都有一定的条件,具体说来如下:

1. "动词＋复合趋向补语＋宾语"中的"宾语"。

"动词＋复合趋向补语＋宾语"中的"宾语"为数量（名）短语。例如：

① 我带回来**一点特产**。

② 减了一个月肥，才减下去**一公斤**。

③ 爸爸帮我寄过来**一箱书**。

2. "动词＋简单趋向补语＋宾语＋来/去"中的"宾语"。

"动词＋简单趋向补语＋宾语＋来/去"中的"宾语"可以为数量（名）短语，也可以为处所词、一般名词。例如：

① 从车上掉下**一筐苹果**来。（"一筐苹果"是数量名短语）

② 孩子都跑进**教室**来了。（"教室"是处所词）

③ 弟弟爬上**树**去了。（"树"是一般名词）

④ 抬起**头**来！（"头"是一般名词）

3. "把＋宾语＋动词＋复合趋向补语"中的"宾语"。

"把＋宾语＋动词＋复合趋向补语"中的"宾语"一般是定指的，即是说话人和听话人都知道的。例如：

① 把**桌子**抬进来！（说话人和听话人都知道是哪张桌子）

② 你把**你弟弟**送回去！（说话人和听话人都知道"你弟弟"是谁）

③ 明天把**钱**寄过去。（说话人和听话人都知道是什么钱）

关于"把"字句，还有一些其他条件。参见第三章四（七）（P.212）的"链接"。

（七）"去"、"走"混用

例句

误：

① ＊这些东西别放在这儿，把它们拿**去**。

② *孩子们向操场跑**走**了。

正：

③ 这些东西别放在这儿,把它们拿**走**。

④ 孩子们向操场跑**去**了。

分析

"去"和"走"虽然都有"离开"的意思,但有一些差别。"去"放在动词后作趋向补语,表示人或事物离开说话人向某一目标移动,立足点是说话人;"走"放在动词后作结果补语,表示人或事物离开某处,但没有目标,立足点也不一定是说话人。例①的"去"应改为"走",例②的"走"应改为"去"。

"走"和"去"意义相近,正因为如此,所以日本学生很容易把二者混用起来。

链接

作补语的"走"和"去"用法上的区别:

1. "走"是结果补语,"去"是趋向补语。例如:

① 警察把小偷带**走**了。

② 飞机向上海飞**去**。

2. "走"没有特定的方向,"去"有特定的方向,表示人或物体离开说话人向某一方向或地方移动。例如:

① 汽车开**走**了吗?(汽车往哪儿开不知道)

② 买到票以后我给你送**去**。("票"离开说话人而到"你"手里)

③ 再给你们派**去**一些人。("一些人"离开说话人而到听话人那里)

3. "动词+走"不能与"向……"、"朝……"、"往……"等介词短语搭配。"动词+去"则可以。例如:

① 火车**向**南方开**去**。

② 大雁**朝**北方飞**去**。

③ ＊火车**向**南方开**走**。

④ ＊大雁**朝**北方飞**走**。

4. "去"可以作"脱、剥、削、切"等表示分离意义动词的补语，"走"不行。例如：

① 脱**去**一件衣服。

② 把香蕉的皮剥**去**。

③ ＊脱**走**一件衣服。

④ ＊把香蕉的皮剥**走**。

三、可能补语使用中的错误

(一) 误用"不能＋动词"代替"动词＋不＋补语"

例句

误：

① ＊宿舍的钥匙丢了，我**不能进去**。

② ＊他写得很好，但是**不能说**。

正：

③ 宿舍的钥匙丢了，我**进不去**。

④ 他写得很好，但是**说不出来**。

分析

"不能＋动词"表示情理上不许可或禁止做某事，"动词＋不＋补语"表示客观条件不允许做某事，意思完全不同。例①不是禁止进去，而是没有钥匙，"不能进去"应改为"进不去"。

例②不是禁止说（汉语），而是没有能力说，"不能说"应改为"说不出来"。

日本学生出现这种错误，是日语影响的结果。汉语的"不能＋动

词"和"动词＋不＋补语"日语都是"动词连体形＋ことができません"，而"动词连体形＋ことができません"直译成汉语是"不能＋动词"（或"不会＋动词"）。受此影响，他们常用"不能＋动词"代替汉语的"动词＋不＋补语"。

(二) 误用"不会＋动词"代替"动词＋不＋补语"

例句

误：

① ＊我知道这个字的意思，可是**不会说**。

② A：你为什么不看电视？

B：＊电视节目太难，我**不会看**。

正：

③ 我知道这个字的意思，可是**说不出来**。

④ A：你为什么不看电视？

B：电视节目太难，我**看不了**。

分析

"不会＋动词"表示没有能力做某事，"动词＋不＋补语"表示客观条件不允许做某事，二者意思不同。例①不是没有说的能力，而是由于（汉语）水平低，说不出来，"不会说"应改为"说不出来"。

例②不是没有看的能力，而是由于（汉语）水平低，听不懂，"不会看"应改为"看不了"。

日本学生出现这种错误，也是日语影响的结果。汉语的"不会＋动词"和"动词＋不＋补语"日语都是"动词连体形＋ことができません"，"动词连体形＋ことができません"直译成汉语是"不会＋动词"（或"不能＋动词"）。正因为这样，他们常用"不会＋动词"代替"动词＋不＋补语"。

四、情态补语使用中的错误

(一) 误用"动词＋宾语＋补语"代替"动词＋宾语＋动词＋得＋补语"

例句

误：

① ＊我们**说汉语不好**。

② ＊日本学生**写汉字很好**。

正：

③ 我们**说汉语说得不好**。

④ 日本学生**写汉字写得很好**。

分析

例①的"说汉语不好"、例②的"写汉字很好"分别表示"说汉语"、"写汉字"这两种动作行为"不好"、"很好",而不是指"说汉语"、"写汉字"的结果"不好"、"很好",要表示"说汉语"、"写汉字"的结果"不好"、"很好",需要重复动词。例①的"说汉语不好"应改为"说汉语说得不好",例②的"写汉字很好"应改为"写汉字写得很好"。

日本学生出现这种错误,是受日语影响的结果。例①、例②用日语表达分别为：

① 私たちは中国語で話すのが下手です。

② 日本の学生は漢字を書くのが上手です。

以上二例直译成汉语分别是"我们说汉语不好"、"日本学生写汉字很好"。受此影响,他们常用"动词＋宾语＋补语"代替"动词＋宾语＋动词＋得＋补语"。

(二)"动词+得+情态补语"中"情态补语"误用

例句

误：

① *昨天他累得**不睡觉**。

② *我紧张得**不说话**。

正：

③ 昨天他累得**睡不着觉**。

④ 我紧张得**说不出话**。

分析

"动词+得+情态补语"中的"情态补语"一般不能是"不+动词(短语)"。例①的情态补语"不睡觉"、例②的"不说话"都是"不+动词短语",所以句子不成立。例①的"不睡觉"应改为"睡不着觉",例②的"不说话"应改为"说不出话"。

这种错误的出现,是过度类推的结果。汉语的情态补语可以是动词(短语),因此日本学生以为动词(短语)的否定形式也可以作情态补语。

链接

"动词+得+情态补语"中"情态补语"的类型：

1. 情态补语为形容词(短语)。例如：

① 你说得**好**！我们应该按照你说的做！

② 今天打得**不好**。

③ 黑板上的字我看得**很清楚**。

2. 情态补语为动词短语。例如：

① 妈妈气得**直哆嗦**。

② 孩子们高兴得**唱了起来**。

③ 屋里热得**透不过气来**。

④ 弟弟跑得**都出汗了**。

注意

"不/没(有)＋动词(短语)"一般不能作情态补语。

3. 情态补语为主谓短语。例如：

① 我们累得**腿都抬不起来**了。

② 姐姐气得**晚饭都没有吃**。

③ 孩子哭得**眼睛都肿**了。

五、数量补语位置错误

例句

误：

① ＊他给妈妈打了电话三次。

② ＊我睡觉了八个小时。

正：

③ 他给妈妈打了三次电话。

④ 我睡了八个小时觉。

分析

例①的"三次"是动量补语，但放在宾语"电话"后面了，位置不对，"三次"应放在"电话"前面。

例②的"八个小时"是时量补语，却放在离合词"睡觉"的"觉"后面了，位置也不对，"八个小时"应放在"觉"前面。

日本学生出现这种错误，是英语影响的结果。英语表示时间和动作数量的成分一般放在宾语后面。例①、例②用英语表达分别如下：

① He called his mother three times.

② I have slept for eight hours.

这二例直译成汉语分别是"他给妈妈打了电话三次"、"我睡觉了八个小时"。正因为如此,他们常把数量补语放在宾语后面。

> **注意**
>
> 数量补语只能放在离合词第一个语素的后面。例如:
>
> ① 今年夏天我只游过**一次**泳。
>
> ② 刚才散了**一会儿**步。
>
> 参见第二章第三节一(P.140)的"链接"。

第三章 句子学习中常见的错误

一、"是……的"句中"的"的位置错误

例句

误：

① ＊我是在王府井买衣服的。
② ＊大家是来学的汉语。

正：

③ 我是在王府井买的衣服。
④ 大家是来学汉语的。

分析

"是……的"句表示动作行为已经发生或完成，"是"经常出现在谓语前，有时也出现在主语前，其作用是指明它后面的成分是全句表达的焦点，"的"一般放在名词（短语）宾语的前面。例①的宾语"衣服"是名词，"的"放在"衣服"后面了，位置错误，应放在"衣服"前面。

"动词＋宾语"如果表示目的，"的"应放在宾语后面。例②的"学汉语"表示目的，"的"放在宾语"汉语"前面了，位置错误，应放在"汉语"后面。

日本学生出现这种错误，是因为"是……的"句中的"的"有时出现在宾语前，有时出现在宾语后，因此，他们常常搞不清楚"的"的位置。

链接

"是……的"中"的"的位置：

1. 一般情况下"的"位于宾语前。例如：
   ① 我们是吃**的**饺子。
   ② 是昨天下**的**雨。
   ③ 妈妈是在那个商场买**的**衣服。
2. 宾语为代词，"的"一般放在宾语后。例如：
   ① 爸爸是去年来看我**的**。
   ② 手表是哥哥送她**的**。
3. 动词带处所宾语和趋向补语，"的"要放在趋向补语后面。例如：
   ① 大家是跑回学校来**的**。
   ② 弟弟是爬过小桥去**的**。

如果强调的是目的，"的"也应放在宾语后。例如：
   ① 大家是来看熊猫**的**，不是来买东西**的**。
   ② 你是来干什么**的**？
4. 谓语动词为离合词，"的"一般放在第一个语素后面。例如：
   ① 他们是在电影院门口见**的**面。
   ② 我们是在学校东门碰**的**头。

二、误用"有"字比较句

例句

误：
   ① ＊这个教室**有**那个教室小。
   ② ＊这儿的东西**有**那儿的便宜。

正：
   ③ 这个教室**比**那个教室小。
   ④ 这儿的东西**比**那儿的便宜。

分析

"有"可以用于比较,但是形容词一般是正向的,即是往大处、高处、长处、难处等方面说的。一般不能是负向的,即形容词不能是往小处、低处、短处、容易等方面说的。例①的"小"、例②的"便宜"都是负向形容词,不能用于"有"字比较句,"有"应改为"比"。

日本学生出现这种错误,显然是过度类推的结果。汉语的正向形容词,像"大、高、长、重"等,可以用于"有"字比较句,因此他们以为负向形容词也可以用于"有"字比较句。

链接

"有"字比较句:

1. "A 有 B＋形容词",多用于疑问句,其中的"形容词"一般为正向形容词。例如:

① 火车**有**飞机**快**吗?

② 巧克力**有**蛋糕**贵**吗?

2. "A 有 B＋那么/这么＋形容词"。陈述句中,"形容词"一般是正向的;疑问句中,"形容词"可以是正向的,也可以是负向的。例如:

① 他**有**你弟弟这么**高**。

② 饺子**有**包子那么**好吃**吗?

③ 汉语**有**你说的这么**难**吗?

3. "有"字比较句的否定,是在"有"的前面加上否定副词"没"。例如:

① 火车**没有**飞机那么**快**。

② 那儿的夏天**没有**他说的那么**热**。

③ 我们学校**没有**你们学校**大**。

4. "……＋(没)有＋那么/这么＋形容词","形容词"可以是正向的,也可以是负向的。例如:

① 他**有**这么**好**吗?

② 事情没有那么**容易**。

③ 汉字没有那么**难**。

注意

"……＋有＋那么/这么＋形容词"多用于疑问句，一般不用于肯定句。例如：

① 他弟弟有这么**矮**吗？

② 汉字有那么**难**吗？

③ 事情有那么**容易**吗？

三、"比"字句使用中的错误

(一) "比……"后面的成分错误

例句

误：

① ＊弟弟比哥哥**很矮**。

② ＊汉语比英语**有点儿难**。

③ ＊今天比昨天**非常热**。

④ ＊她比我说得**很好**。

正：

⑤ 弟弟比哥哥**矮得多**。

⑥ 汉语比英语**难一点儿**。

⑦ 今天比昨天**热得多**。

⑧ 她比我说得**好多了**。

分析

程度副词除了"更、更加、还"等少数几个以外，绝大多数不能用在"比"字句的谓语形容词前面；谓语为"动词＋得＋形容词"的，"形容词"

前面出现程度副词的情况也一样。一般情况下在形容词后面加上程度补语或数量补语。例①"矮"前面用了程度副词"很",句子不成立,"很"应删去,在"矮"后面加上"得多"等;例②"难"前面用了程度副词"有点儿",句子也不成立,"有点儿"也应删去,在"难"后面加上"一点儿"等;例③"热"前面用了"非常",句子同样不成立,"非常"应删去,在"热"后面加上"得多"等;例④"好"前面也用了"很",句子也不成立,"很"应删去,在"好"后面加上"多了"等。

日本学生出现上面这样的错误,是日语影响的结果。日语"比"字句的形容词前面可以出现很多程度副词。例如:

① 弟は兄より身長がとても低い。

② 中国語は英語よりちょっと難しい。

这两个句子直译成汉语分别是"弟弟比哥哥很矮"、"汉语比英语有点难"。受此影响,他们常在汉语"比"字句的谓语形容词前用上程度副词。

(二)"比"字句中否定副词位置错误

例句

误:

① ＊北京的冬天比东京**不**那么冷。

② ＊汉语比英语**不**难。

③ ＊这儿的东西比那儿的**不**便宜。

正:

④ 北京的冬天**不**比东京冷。

⑤ 汉语**不**比英语难。

⑥ 这儿的东西**不**比那儿的便宜。

分析

"比"字句中否定副词只能放在"比"前面,不能放在谓语形容词前面。例①、例②、例③的"不"放在谓语形容词前面了,句子不成立,"不"应放在"比"前面。

日本学生出现这样的错误,是受日语影响的结果。日语的"比"字句,只能否定谓语形容词。例如:

① 中国語は英語より難しくない。

② ここの品物はあそこより安くない。

这两个句子直译成汉语分别是"汉语比英语不难"、"这儿的东西比那儿的不便宜"。正因为如此,他们常把否定副词放在汉语"比"字句谓语形容词前面。

(三) 误用"A+不+比+B+形容词"

例句

误:

① A:你的汉语怎么样?
   B:*我的汉语**不比**你好。

② A:东京夏天怎么样?
   B:*东京**不比**北京热。

正:

③ A:你的汉语怎么样?
   B:我的汉语**没有**你好。

④ A:东京夏天怎么样?
   B:东京**没有**北京热。

分析

"A+不+比+B+形容词"并不是"A+比+B+形容词"的否定形式,"A+比+B+形容词"的否定是"A+没有+B+形容词"。"A+不+比+B+形容词"表示"A 和 B 差不多",它往往是针对上文某种错误的比较结果来进行订正或辩驳。例①、例②问的都是"怎么样",并没有出现错误的比较结果,因此不能用"A+不+比+B+形容词"。例①的 B 应改为"我的汉语没有你好",例②的 B 应改为"东京没有北京热"。

　　日本学生出现这种错误,是过度类推的结果。汉语的否定句一般是直接在谓语前面加上否定副词,正因为如此,他们以为"A+比+B+形容词"的否定是"A+不+比+B+形容词"。

链接

"A+不+比+B+形容词"的使用情况:

　　"A+不+比+B+形容词"一般不能用作始发句,常常用来对上文进行订正或辩驳。例如:

　　　① A:我觉得汉语比英语难。

　　　　 B:我觉得汉语**不比**英语难。

　　　② A:小刘比小王漂亮。

　　　　 B:是吗?我觉得小刘**不比**小王漂亮,她们俩差不多。

　　　③ 他的能力**不比**我强,为什么让他去,不让我去?

四、"把"字句使用中的错误

(一)"把"字句的谓语动词错误

1. "把"字句的谓语动词为一个光杆动词。

例句

误:

　　① ＊我们把汉字**复习**。

　　② ＊你把空调**关**。

　　③ ＊老师把黑板**擦**。

正:

　　④ 我们把汉字**复习了**。/我们把汉字**复习完了**。/我们把汉字

复习好了。

⑤ 你把空调**关了**。/你把空调**关掉**。

⑥ 老师把黑板**擦了**。/老师把黑板**擦干净了**。

分析

"把"字句的谓语动词后面必须带上补语、宾语或"了"、"着"等。例①的谓语动词"复习"、例②的谓语动词"关"、例③的谓语动词"擦"都是一个动词,没有带上补语等其他成分,所以句子都不成立。例①的"复习"后面应加上"了"、"完了"、"好了"等;例②的"关"后面应加上"了"、"掉"等;例③的"擦"后面应加上"了"、"干净了"等。

日本学生出现这种错误,显然是忽视了"把"字句中谓语动词的特点。

2. 误把不及物动词用作"把"字句的谓语动词。

例句

误:

① *老师把我们**笑**了。

② *妈妈把弟弟**睡**了。

正:

③ 老师把我们**逗笑**了。

④ 妈妈把弟弟**哄睡**了。

分析

"把"字句的谓语动词必须是及物动词,不能是不及物动词。例①的"笑"、例②的"睡"都是不及物动词,句子不成立。"笑"应改为"逗笑","睡"应改为"哄睡"。

日本学生出现这种错误,也是过度类推的结果。汉语的及物动词可以充当"把"字句的谓语动词,因此他们以为不及物动词也可以充当"把"字句的谓语动词。

3. 误把带可能补语的述补短语用作"把"字句的谓语动词。

例句

误：

① *我把衣服**洗得干净**。

② *大家把汉语**学得好**。

正：

③ 我**能**把衣服**洗干净**。

④ 大家**能**把汉语**学好**。

分析

"把"字句的谓语动词可以是述补短语,但是不能是带可能补语的述补短语。例①的"洗得干净"、例②的"学得好"都是带可能补语的述补短语,所以句子不成立。"洗得干净"、"学得好"应分别改为"洗干净"、"学好",并在"把"前加上"能"。

日本学生出现这种错误,显然是过度类推的结果。汉语带结果补语、趋向补语、程度补语、情态补语的述补短语以及介宾短语作补语的述补短语都可以用作"把"字句的谓语动词,因此他们以为带可能补语的述补短语也可以用作"把"字句的谓语动词。

(二)"把"的宾语错误

例句

误：

① *你把**一本书**拿过来。

② *老师把**一支笔**给了我。

正：

③ 你拿过来**一本书**。

④ 老师给了我**一支笔**。

分析

"把"的宾语一般是已知的,即必须是说话人和听话人都知道的事物。例①"把"的宾语"一本书"、例②"把"的宾语"一支笔"都不是已知的事物,不能作"把"的宾语,应删去"把","一本书"放在"拿过来"后面作宾语,"一支笔"放在"我"后面。

日本学生出现此种错误,同样是过度类推的结果。"把"的宾语可以是名词(短语)、代词、"的"字短语等,因此他们以为数量(名)短语也可以作"把"的宾语。

(三)"把"字句中否定副词位置错误

例句

误:

① *我把汉语**不**学好,就不回国。
② *大家把那个汉字**没**写错。
③ *你们把这件事**别**告诉她。

正:

④ 我**不**把汉语学好,就不回国。
⑤ 大家**没**把那个汉字写错。
⑥ 你们**别**把这件事告诉她。

分析

"把"字句的否定是在"把"前加上否定副词。例①的"不"、例②的"没"、例③的"别"都放在了谓语动词前面,因此句子不成立,这些否定副词都应该放在"把"前面。

日本学生出现这种错误,也是过度类推的结果。汉语的否定副词一般位于谓语动词前面,正因为如此,他们以为"把"字句中否定副词也位于谓语动词前面。

(四)"把"字句中状语位置错误

例句

误：

① ＊我明天把作业**一定**交给你。

② ＊山本**都**把昨天的事说了。

正：

③ 我明天**一定**把作业交给你。

④ 山本把昨天的事**都**说了。

分析

例①的"一定"是语气副词,应该放在"把"前面,但却放在谓语动词前面了,位置错误;例②的"都"总括的是"把"的宾语"昨天的事",应该放在"昨天的事"后面,却放在"把"前面了,位置也错误。

日本学生出现这种错误,是因为"把"字句中有些状语可以放在谓语动词前面,有些状语可以放在"把"前面,因此他们常常搞不清楚,该放在"把"前面时却放在谓语动词前面了,该放在谓语动词前面时却放在"把"前面了。

链接

"把"字句中状语的位置：

1. 一般情况下状语位于"把"字前。例如：

① **赶快**把车开回去。

② 我**好像**把钱还给他了。

③ 你**不要**把我看成一个有钱的人。

④ **为我的事**把你逼走。

2. 表示方向、路径或描写动作行为的状语一般放在谓语动词前。例如：

① 把车**往前**推！

② 把书从窗户扔下来。

③ 老师把开关一一关上以后才离开教室。

④ 请您把头稍微抬高一点儿！

(五)"把"字句中能愿动词位置错误

例句

误：

① ＊她把这杯啤酒**能**喝完。

② ＊台风把汽车**可以**吹翻。

③ ＊明天把书**应该**还给图书馆。

正：

④ 她**能**把这杯啤酒喝完。

⑤ 台风**可以**把汽车吹翻。

⑥ 明天**应该**把书还给图书馆。

分析

能愿动词要放在"把"前面，不能放在谓语动词前面。例①的"能"、例②的"可以"、例③的"应该"都放在了谓语动词前面，位置错误，这些能愿动词都应该放在"把"前面。

日本学生出现这类错误，也是过度类推的结果。汉语的能愿动词多放在谓语动词前面，所以他们以为"把"字句中能愿动词也应放在谓语动词前面。

(六) 误用"把"字句

例句

误：

① ＊我**把**作业写在教室里。

② ＊弟弟**把**妈妈的话不听。

正：

③ 我在教室里写作业。

④ 弟弟不听妈妈的话。

分析

"把"字句表示处置，但并不是所有表示处置的情况都可以用"把"字句。例①处置的结果不是"作业""在教室里"，因此不能用"把"字句，应改为"我在教室里写作业"。

例②的"不听"只是一种情况，并不包含"处置"的意思，因此也不能用"把"字句，应删去"把"，把"妈妈的话"放在"不听"的后面。

这种错误的出现，显然是过度类推的结果。"把"字句表示处置，因此日本学生以为凡是表示处置的都可以用"把"字句。

（七）漏用"把"字句

例句

误：

① *老师放书在桌子上。

② *我们停自行车在车棚里。

③ *一般叫日本的墨"和墨"。

正：

④ 老师把书放在桌子上。

⑤ 我们把自行车停在车棚里。

⑥ 一般把日本的墨叫做"和墨"。

分析

如果句子有主语，还有两个宾语，并且其中一个宾语为处所宾语，表示另一个宾语通过某种动作行为到达的处所，这种情况下常常用"把"字句。例①有主语"老师"和两个宾语"书"、"桌子上"，而且"桌子上"为处所宾语，表示"书"通过"放"到达的处所，应该用"把"字句。例

②有主语"我们",也有两个宾语"自行车"和"车棚里",并且"车棚里"是处所宾语,表示"自行车"通过"停"到达的地方,也应该用"把"字句。

例③的动词"叫"虽然可以带双宾语,但直接宾语应该是人称代词或指人的名词,"日本的墨"不是指人的名词,所以句子不成立。"日本的墨"前面应该加上"把",把"叫"放在"和墨"前面,"叫"后面还应该加上"做"。

日本学生出现这种错误,是受日语影响的结果。例①、例②和例③用日语表达分别为:

① 先生は机に本を置きました。

② 私たちは停車場に自転車を停めました。

③ 一般的に言えば、日本の墨は和墨と言います。

以上三例直译成汉语分别是"老师放书在桌子上"、"我们停自行车在车棚里"、"一般叫日本的墨'和墨'"。正因为如此,他们才出现了以上错误。

链接

"把"字句:

"(主语)+把+宾语+动词+其他成分"这样的句子叫做"把"字句。例如:

① 他们**把**苹果都吃了。

② **把**头抬起来!

③ **把**门关上!

1. "把"字句的构成成分。

(1) "把"的宾语。

"把"的宾语一般是名词(短语),而且所指事物常常是已知的,即说话人和听话人都知道或了解的。例如:

① 大家把**书**收起来。

② 你把钱还给我！

③ 把手举起来！

(2)"把"字句的谓语动词。

"把"字句的谓语动词必须是及物动词，而且前面必须出现状语，或者后面必须带上动态助词、补语、宾语，即不能只是一个光杆动词。例如：

① 弟弟把牛奶都喝了。

② 去的时候千万把相机带着！

③ 下雨了，快把窗户关上！

④ 请把醋递给我！

⑤ 请李老师把这儿的情况给大家介绍介绍。

注意

1. "把"字句中，动态助词"过"一般不能出现在动词后面，但是可以出现在动词短语后面。例如：

他从来没把工资发错过。

2. 带可能补语的动词短语不能作"把"字句的谓语。下面的说法都是错误的：

① ＊我们把汉语学得好。

② ＊山本把这些啤酒喝得完。

2. 使用"把"字句的条件。

(1) 语义条件。

"把"字句一般是动作行为者对"把"的宾语所表示的事物施加一定的动作，使得该事物出现某种情况或结果。例如：

① 把衣服晾出去！

② 猫把鱼吃了。

③ 大家把开水都喝光了。

④ 你怎么**把**空调关上了?

⑤ **把**作业中的错别字改过来!

(2) 语法条件①。

受句子结构的影响,必须用或一般用"把"字句的情况:

A. 句子的主语是动作行为发出者,整个句子表示通过某种动作行为使事物到达某个处所,而且该事物和所到达的处所都出现时,一般要把表示事物的名词放在"把"后作宾语。例如:

① 大家把**书**放在**书架上**!

② 你们别把**手**伸进**笼子里**去!

B. 句子的主语是动作行为发出者,谓语动词包含有"成"、"为"、"作"、"做"等,或为带"成"、"为"、"作"、"做"作补语的动词短语,如果有两个宾语,一般要用"把"字句。例如:

① 你们怎么把屋子**弄成**了这样?

② 父母把我**培养为**一个歌唱家。

③ 大家都把她**叫做**老板娘。

C. 句子的主语是动作行为发出者,谓语动词有宾语,而且还有表示宾语的情态的补语,一般也要用"把"字句。例如:

① 你把这件事**看得太简单**了!

② 大家不要把关系**搞得太复杂**!

③ 她把荣誉**看得比什么都重要**。

D. 句子的主语是动作行为发出者,谓语动词带双宾语,直接宾语比较复杂或比较长时,一般用"把"提前。例如:

① 她把**那张她小时候照的有些发黄的照片**寄给了我。

② 你千万别把**我们昨天在一起吃饭的事儿**告诉爸爸。

---

① 参见《实用现代汉语语法(增订本)》(PP.745—751)。

五、"被"字句使用中的错误

(一)"被"字句的谓语动词错误

1. "被"字句的谓语动词为一个光杆动词。

例句

误:

① *黑板被老师**擦**。

② *衣服被我**洗**。

③ *考试的事被大家**忘**。

正:

④ 黑板被老师**擦了**。/黑板被老师**擦干净了**。

⑤ 衣服被我**洗了**。/衣服被我**洗完了**。

⑥ 考试的事被大家**忘了**。

分析

"被"字句的谓语动词必须带上补语、宾语或"了"等。例①的"擦"、例②的"洗"、例③的"忘"都是一个动词,没有带上补语等其他成分,所以是错误的。例①的"擦"后面应该加上"了"或"干净了"等,例②的"洗"后面应该加上"了"或"完了"等,例③的"忘"后面应该加上"了"等。

日本学生出现这种错误,显然是忽视了"被"字句谓语动词的条件。

2. 误把不及物动词、形容词用作"被"字句的谓语动词。

例句

误:

① *我们被他**笑**了。

② *大家被老师**糊涂**了。

正:

③ 我们被他**逗笑**了。

④ 大家被老师**弄糊涂**了。

分析

"被"字句的谓语动词必须是及物动词,不能是不及物动词和形容词。例①的谓语动词"笑"是不及物动词、例②的谓语动词"糊涂"是形容词,所以句子不成立。例①的"笑"前面应加上"逗"等;例②的"糊涂"前面应加上"弄"等。

日本学生出现这种错误,大概有两个原因。一是搞不清楚汉语的动词哪些是及物的,哪些是不及物的,因此该用及物动词时却用了不及物动词。二是过度类推。"被"字句表示受事者受到某一动作的作用或影响,因此他们以为凡是受事者受到某一动作作用或影响的情况都要用"被"字句。

3. 误把带可能补语的述补短语用作"被"字句的谓语动词。

例句

误:

① ＊这瓶啤酒被他**喝得完**。

② ＊自行车被警察**找得到**吗?

正:

③ 这瓶啤酒**能**被他**喝完**。

④ 自行车**能**被警察**找到**吗?

分析

"被"字句的谓语动词可以是述补短语,但是不能是带可能补语的述补短语。例①的谓语动词"喝得完"、例②的"找得到"都是带可能补语的述补短语,句子不成立,"喝得完"、"找得到"应分别改为"喝完"、"找到",并在"被"前加上"能"。

日本学生出现这种错误,也是过度类推的结果。汉语带结果补语、趋向补语、程度补语、情态补语的述补短语以及介宾短语作补语的述补短语都可以用作"被"字句的谓语动词,所以他们以为带可能补语的述补短语也可以用作"被"字句的谓语动词。

(二)"被"字句中否定副词位置错误

例句

误:

① *我们的意见被学校**不**重视。

② *词典被弟弟**没**弄丢。

③ *把东西藏好,被弟弟**别**发现了!

正:

④ 我们的意见**不**被学校重视。

⑤ 词典**没**被弟弟弄丢。

⑥ 把东西藏好,**别**被弟弟发现了!

分析

"被"字句的否定是在"被"前加上否定副词。例①的"不"、例②的"没"、例③的"别"都放在了谓语动词前面,所以都不对。这些否定副词都应该放在"被"前面。

日本学生出现这种错误,同样是过度类推的结果。汉语的否定副词一般位于谓语动词前面,受此影响,他们常把否定副词放在"被"字句的谓语动词前面。

(三)"被"字句中状语位置错误

例句

误:

① *钱被小偷**好像**偷走了。

② *那件事被大家**早**忘了。

正:

③ 钱**好像**被小偷偷走了/**好像**钱被小偷偷走了。

④ 那件事**早**被大家忘了。

分析

语气副词表示的是句子的语气,一般放在主语后面、谓语前面,有时还可以放在主语前面。例①的"好像"是语气副词,但放在了谓语动词前面,句子不成立,"好像"应放在"被"前面或"钱"前面。

例②的"早"是形容词作状语,放在了谓语动词前面,句子也不成立,"早"应放在"被"前面。

日本学生出现这种错误,是因为"被"字句中有些状语要放在谓语动词前面,有些状语要放在"被"前面,因此他们常常搞不清楚,该放在"被"前面时却放在谓语动词前面了。

链接

"被"字句中状语的位置:

1. 一般情况下状语位于"被"字前。例如:

① 啤酒**已经**被大家喝完了。

② 车**大概**被哥哥骑走了。

③ 你**不要**被那伙人吓住了!

④ 她**究竟**被谁骗了?

2. 表示起点、方向或描写动作行为的状语一般放在谓语动词前。例如:

① 他的钱包被小偷**从书包里**偷走了。

② 桌子被人**往前**挪了。

③ 碗被我**一一**洗干净了。

(四)"被"字句中能愿动词位置错误

例句

误:

① * 书被山本**可能**拿走了。

② ＊汽车被台风会吹翻。

正：

③ 书**可能**被山本拿走了。

④ 汽车**会**被台风吹翻。

分析

"被"字句中能愿动词要放在"被"前面，不能放在谓语动词前。例①的能愿动词"可能"、例②的"会"都放在谓语动词前面了，位置错误，应放在"被"前面。

日本学生出现这种错误，同样是过度类推的结果。汉语的能愿动词一般放在谓语动词前面，受此影响，他们以为"被"字句中能愿动词也应该放在谓语动词前面。

（五）误用"被"字句

例句

误：

① ＊山本**被**老师表扬了半天。

② ＊最近很多韩国的电视剧**被**播放了。

正：

③ 老师表扬了半天山本。

④ 最近播放了很多韩国的电视剧。

分析

"被"字句多用来说明不愉快、受损害之类的事情。例①"表扬"是好事情，不能用"被"字句，应删去"被"，把"山本"放在"半天"后面。

例②的"播放"也是好事情，也不能用"被"字句，应删去"被"，把"很多韩国的电视剧"放在"播放了"后面。

日本学生出现此种错误，也是过度类推的结果。汉语"被"字句表示被动，因此他们以为凡是表示被动的情况都可以用"被"字句。

链接

"被"字句：

"(主语)＋被＋(宾语)＋动词＋其他成分"和"(主语)＋叫/让＋宾语＋动词＋其他成分"这样的句子叫做"被"字句。例如：

① 书**被**弟弟弄丢了。

② 自行车**被**搬走了。

③ 玻璃全**叫**台风刮掉了。

④ 他**让**老师批评了一顿。

1. "被"、"叫"、"让"的宾语。

"被"后可以有宾语，也可以没有；"叫"、"让"后面必须有宾语。"被"、"叫"、"让"的宾语一般是名词(短语)，可以是已知的，也可以是未知的，这一点与"把"字句不同。例如：

① 书被**我**还了。（"我"是已知的）

② 衣服被**雨**淋湿了。（"雨"是已知的）

③ 苹果被**谁**全吃了。（"谁"是未知的）

④ 雨伞叫**一个穿红衣服的人**拿走了。（"一个穿红衣服的人"是未知的）

⑤ 孩子让**人**骗了。（"人"是未知的）

2. "被"字句的谓语动词。

"被"字句的谓语动词必须是及物动词，而且动词后必须有补语、宾语、动态助词等，或者动词前必须有状语。例如：

① 窗户被**关上了**，所以教室里很热。

② 饺子被**吃光了**。

③ 牛奶被弟弟**喝了**。

④ 提案没被大会**全票通过**。

> **注意**
>
> 1. "被"字句中,动态助词"了"、"过"可以出现在动词后面,但是"着"不行。例如:
>   ① 他被/叫/让别人骗了。
>   ② 他被/叫/让别人骗过。
> 2. 带可能补语的动词短语不能作"被"字句的谓语动词。下面的说法都是错误的:
>   ① *门被/叫/让我**关不上**。
>   ② *这些饺子被/叫/让我们**吃得完**。

六、"叫"、"让"后面缺少宾语

例句

误:

① *门**让**打开了。

② *桌子**叫**搬走了。

正:

③ 门**让人**打开了。

④ 桌子**叫谁**搬走了。

分析

介词"叫"、"让"后面必须带宾语。例①的"让"、例②的"叫"后面没有宾语,所以句子不成立。例①应在"让"后面补上"人"等,例②应在"叫"后面补上"谁"等。

日本学生出现这种错误,显然是受到了"被"的影响。汉语的"被"、"叫"、"让"都可以表示被动,"被"后面可以不带宾语,因此他们以为

"叫"、"让"后面也可以不带宾语。

七、"给+宾语"位置错误

例句

误：

① ＊回国以后，你写**给我**信。

② ＊跟中国游客聊天留**给我**了深刻的印象。

正：

③ 回国以后，你**给我**写信。

④ 跟中国游客聊天**给我**留下了深刻的印象。

分析

例①的"给我"放在了谓语动词"写"后面，位置错误，"给我"应放在谓语动词前面。

例②的"给我"放在了谓语动词"留"后面，位置也是错误的，"给我"应放在"留"前面，并且"留"后面应加上"下"。

日本学生出现这种错误，是日语影响的结果，日语的"くれる"、"あげる"，即"给"，只能位于动词后面。

链接

"给+名词(短语)"的位置：

1. "给+名词(短语)+动词"主要有五种情况：

（1）"给+名词(短语)"，"名词(短语)"表示交付或传递的接受者。例如：

① 回国以后**给我**来封信。

② 你**给妈妈**打个电话。

③ 老师**给我们**发邮件了。

（2）"给+名词(短语)"，"名词(短语)"表示动作的受益者。例如：

① 老师今天**给我们**辅导。

② 他**给我**当翻译。

③ 妹妹来**给我**看孩子。

(3)"给+名词(短语)","名词(短语)"表示动作的受害者。例如：

① 自行车我**给你**弄丢了。

② 小心别把玻璃**给人家**打破了！

(4)"给+名词(短语)","名词(短语)"表示对象或说话人的意志。例如：

① 我的词典不见了，你**给我**找找。

② 老师**给我们**讲了一个笑话。

③ 你没事，**给我**把衣服洗了！

(5)"给+名词(短语)"表示被动。例如：

① 门**给风**吹开了。

② 电视机**给弟弟**弄坏了。

③ 衣服**给雨**淋湿了。

2."动词+给+名词(短语)","动词"一般是表示"取得"或"给予"的，像"留、送、发、借、卖、租、还、寄"等。例如：

① 这些钱**留给你**。

② 妈妈**送给我**一个新书包。

③ 学习资料都**发给学生**了。

八、"连……都/也……"使用错误

例句

误：

① *我**连钱都**没有，我不能去旅游。

② *刚开始学汉语的时候，我**连汉语也**不会说。

正：

③ 我**连**一分钱**都**没有，我不能去旅游。

④ 刚开始学汉语的时候，我**连**一句话**也**不会说。

分析

"连……都/也……"是一种强调句，"连"后面的成分是提到的一类事物或情况中最极端的一个，可以是最多的、最容易的、最聪明的、最好的等，也可以是最少的、最难的、最笨的、最坏的等，通过强调极端情况，来说明一般情况更是如此，或突出、强调某种情况。

例①的"钱"是一种事物，不是极端情况。"钱"的最少数量是"一分"，"一分"是一种极端情况，因此"钱"应改为"一分钱"。

例②的"汉语"也是一种事物，也不是极端情况。"汉语"的交际单位是句子，交际时最少要说一句话，"一句话"是一种极端情况，因此"汉语"应改为"一句话"。

"连……都/也……"的使用条件很复杂，很难掌握，正因为如此，所以日本学生在使用时经常出现错误。

链接

"连……都/也……"的使用情况：

1. "连＋名词（短语）＋都/也……"。例如：

① 这个道理连**孩子**都知道！

② 今天非常忙，大家连**午饭**都没吃。

③ 爸爸连**电话**也不打，太不像话！

④ 弟弟连**老师的话**也不听。

2. "连＋数量（名）＋都/也……"。例如：

① 这个星期我们连**一天**都没休息。

② 妈妈连**一件像样的衣服**都没有。

③ 弟弟连**一次电影**也没看过。

3. "连＋动词＋都/也……"。例如：
① 我的事爸爸连**问**都不问。
② 看到那件衣服很漂亮,她连**想**都没想就买了。
③ 弟弟拿起苹果,连**洗**也不洗就吃。

注意
"连＋动词＋都/也……"的情况下,"都/也"后面的动词与"连"后面的动词相同,而且"都/也"后面的动词一般采用否定形式。

第四章　篇章学习中常见的错误

一、主语多余

例句

误：

① ***我**喜欢旅游，**我**暑假的时候经常去南方旅游，旅游的时候**我**看到了很多在日本看不到的风景。

② ***他**到城里干什么？**他**到城里去做买卖。他卖油绳，自家的面粉，自家的油，自己动手做成的。

正：

③ **我**喜欢旅游，暑假的时候经常去南方旅游，旅游的时候看到了很多在日本看不到的风景。

④ **他**到城里干什么？到城里去做买卖。他卖油绳，自家的面粉，自家的油，自己动手做成的。

分析

汉语同一个话题链内部，各分句之间倾向于用零形式连接，即后面各分句的主语一般可以省略。

例①三个分句的话题都是"我"，后两个分句中的"我"都应该删去。

例② 第一个分句和第二个分句的话题都是"他"，第二个分句中的"他"应该删去。

日本学生出现这种错误，大概是过于注意分句成分的齐全，而忽视了汉语的代词可以承前省略、蒙后省略的特点。

二、缺少主语

例句

误:

① *他工作很忙,一去工作就是一个星期不回家,所以我从学校回到家的时候,(　)也差不多不在家。

② *信中妈妈说她身体不好,她想看晓华。晓华的心里很复杂,但是(　)决定去见妈妈。

正:

③ 他工作很忙,一去工作就是一个星期不回家,所以我从学校回到家的时候,(他)也差不多不在家。

④ 信中妈妈说她身体不好,她想看晓华。晓华的心里很复杂,但是(她)决定去见妈妈。

分析

例①出现了两个人物:"他"和"我"。最后一个分句"也差不多不在家"没有主语,这样容易引起误解,该分句应该补上主语"他"。

例②的"决定去见妈妈"前面应该用上代词"她",因为前一个分句的"晓华"是定语,不是主语,因此后一个分句的"她"不能承前省略。

日本学生出现此种错误,是过度类推的结果。汉语同一个话题链中,各分句倾向于用零形式连接,因此他们以为主语位置上的代词都可以省略。

三、定语位置上缺少代词

例句

误:

① *有一个人,他看见一匹马,他给一匹马念经,但是一匹马

没听。

② *我昨天买了两件衣服,**一件**是红色的,**一件**是黑色的,**一件**红色的是在王府井买的。

正:

③ 有一个人,他看见**一匹**马,他给**那匹**马念经,但是**那匹**马没听。

④ 我昨天买了两件衣服,**一件**是红色的,**一件**是黑色的,**那件**红色的是在王府井买的。

分析

下文中如果保留上文中出现的数量短语,汉语一般倾向于使用"这/那＋数量短语"(数词为"一","一"一般省略)。例①的"一匹马"在"他看见一匹马"中已经出现过了,因此后面的"他给一匹马念经"和"但是一匹马没听"中的"一匹马"前面都应该加上指示代词"那",并删去"一"。没有"那",这两个分句和前面的分句联系不起来。

例②的"一件红色的"中的"一件"在前面的分句中出现过了,因此"一件红色的"前面应加上"那",并删去"一"。

日本学生出现这种错误,大概是疏忽了这方面的要求。

四、误用名词代替代词

例句

误:

① *小明是个胖子,当时除了我以外,其他同学很少跟他来往,因为**小明**很胖。

② *山本是我的好朋友,我们在中学就是好朋友,**山本**会说汉语。

正:

③ 小明是个胖子,当时除了我以外,其他同学很少跟他来往,因

为他很胖。

④ 山本是我的好朋友，我们在中学就是好朋友，**他会说汉语**。

分析

汉语有一种倾向：一个复句或句群中，某一个名词出现以后，后面就不大使用比它更复杂、更具体的形式。也就是说，某一个名词一旦在前面出现以后，后面的分句中一般多用代词等简单形式指称它。

例①的"小明"是名词，在第一个分句中就出现了，后面的分句中一般不再出现"小明"，该例的最后一个分句中却又出现了"小明"，显得重复，应把"小明"改为"他"。

例②的"山本"在第一个分句中就出现了，最后一个分句又出现了"山本"，也显得重复，应把"山本"改为"他"。

日本学生出现这种错误，显然是不明白或忽略了篇章这方面的要求。

五、人称代词前缺少指称对象

例句

误：

① ＊我们这次去农村实习，活动非常丰富。上午参观了幼儿园、敬老院，中午去农民家吃饭，跟农民一起聊天，下午去一个中学听课，**他们**的英语水平让我们非常吃惊。

② ＊**他们**在几年的生活和劳动中，小林喜欢晓华，他经常担心她。

正：

③ 我们这次去农村实习，活动非常丰富。上午参观了幼儿园、敬老院，中午去农民家吃饭，跟农民一起聊天，下午去一个中学听课，**学生们**的英语水平让我们非常吃惊。

④ 在几年的生活和劳动中,小林喜欢晓华,他经常担心她。

分析

例①最后一个分句的主语是"他们",但前面的分句中没有出现被指称的对象,"他们"应改为"学生们"。

例②始发句中的"他们"前面也没有被指称的对象,从后面的分句可以看出,"他们"是指"小林"和"晓华",这样"他们"又显得多余,应该删去。

日本学生出现这种错误,是不注意前后照应的结果。

六、人称代词指称的对象不明确

例句

误:

① *很多欧美留学生上课的时候积极发言,但是很多日本留学生担心出错不积极发言,**他们**的学习态度对我产生了很大的影响,所以我现在上课的时候尽量多发言。

② *自从妈妈定为叛徒以后,晓华开始失去了最要好的同学和朋友,家也搬进了一间黑暗的小屋,她受到了从未有过的歧视和冷遇,所以,**她**心里更恨**她**,恨**她**历史上的软弱和可耻。

正:

③ 很多欧美留学生上课的时候积极发言,但是很多日本留学生担心出错不积极发言,**欧美留学生**的学习态度对我产生了很大的影响,所以我现在上课的时候尽量多发言。

④ 自从妈妈定为叛徒以后,晓华开始失去了最要好的同学和朋友,家也搬进了一间黑暗的小屋,她受到了从未有过的歧视和冷遇,所以,**她**心里更恨**妈妈**,恨**她**历史上的软弱和可耻。

分析

例①的"他们的学习态度"中的"他们"是指"欧美留学生"还是"日

本留学生"不清楚,从最后一个分句判断,应该指"欧美留学生",因此"他们"应改为"欧美留学生"。

例②的"她心里更恨她"中有两个"她",分别指"晓华"和"妈妈",同样有些混乱,第二个"她"应改为"妈妈"。

日本学生出现此种错误,大概有两个原因:一是疏忽,二是过度类推。汉语的复句或句群中,某一个名词出现以后,后面的分句中一般用代词等简单形式指称它。正因为如此,他们常常把后面的分句中出现的与前面分句中相同的名词都用代词代替。

七、时间指称错误

例句

误:

① *他(白居易)斋戒是为了治病,所以**这时候**特意长时间保持斋戒。

② *这就表示**这时候**他(白居易)自己感到应该抑制对"兼济"的欲念。

③ *据此可知,他(白居易)长庆初年斋戒过,但是**这时**斋戒还没有成为一种生活习惯。

正:

④ 他(白居易)斋戒是为了治病,所以**那时候**特意长时间保持斋戒。

⑤ 这就表示**那时候**他(白居易)自己感到应该抑制对"兼济"的欲念。

⑥ 据此可知,他(白居易)长庆初年斋戒过,但是**那时**斋戒还没有成为一种生活习惯。

分析

在叙述过去某一时点或时段发生的事情时,一般用"那时候"或"那时"称代过去的某一时点或时段,因为从时间距离来说,过去某一时点或时段离我们比较远。例①叙述的是白居易斋戒的事情,白居易生活在唐代,离现在非常遥远,因此不能用"这时候"指代白居易斋戒的时间,"这时候"应改为"那时候"。

例②叙述的也是白居易的事情,指代这种事情发生的时间时,也不能用"这时候","这时候"也应改为"那时候"。

例③的"长庆初年"离现在同样十分遥远,不能用"这时"指代它,"这时"应改为"那时"。

日本学生出现这种错误,大概是不了解或疏忽了汉语时间的称代规律。

八、处所指称错误

例句

误:

① *下星期我去长城,以前我也去过**这里**。

② *在南极有日本昭和基地,日本考察队员在**这儿**考察。

正:

③ 下星期我去长城,以前我也去过**那里**。

④ 在南极有日本昭和基地,日本考察队员在**那儿**考察。

分析

例①的"长城"离说话人所在的地方很远,却用了近指"这里",显然不正确,"这里"应改为"那里";例②的"昭和基地"离说话人所在的地方同样很远,但用了近指"这儿",也不正确,"这儿"应改为"那儿"。

日本学生出现这种错误,大概是不了解或疏忽了汉语处所的称代规律。

九、连接成分使用中的错误

(一) 误用连接成分

例句

误：

① ***首先**他不愿意,可是我跟他讨论了一会儿,他**终于**同意了。

② *不过,他总觉得比别人矮一头。他羡慕别人能说会道,自己老觉得没有什么可说。**然后**,他去百货公司,买到了一顶满意的帽子。

正：

③ 他**先**不愿意,可是我跟他讨论了一会儿,他**终于**同意了。/**开始**他不愿意,可是我跟他讨论了一会儿,他**终于**同意了。

④ 不过,他总觉得比别人矮一头。他羡慕别人能说会道,自己老觉得没有什么可说。**后来**,他去百货公司,买到了一顶满意的帽子。

分析

连词"首先"不能单独使用,一般与"其次"、"最后"配合使用。例①只有"首先",没有"其次"、"最后","首先"应改为"先"或"开始"。改为"先"后,由于"先"是副词,因此要放在主语"他"后面。

例②误用了"然后","然后"应改为"后来"。

"先"和"首先"意思相近,"然后"和"后来"意思也相近,正因为如此,日本学生常把它们混同起来,该用"先"时用了"首先",该用"后来"却用了"然后"。

链接

1. "首先"、"先"的区别：

首先

(1) 连词,一般与"其次"、"最后"配合使用,组成"首先,……；其

次,……;最后,……"这样的说法。多用于书面语。例如:

① 我宣布一下今天的大会安排:**首先**,是校长讲话;**其次**,是学生代表发言;**最后**,是发毕业证书。

② 考试的时候,**首先**,要仔细审题;**其次**,要注意做题的速度;**最后**,要注意检查。

(2) 副词,意思为"最先"、"最早"。例如:

这个想法是他**首先**提出来的。

先

副词,表示某一行为或事件发生在前。例如:

① 你**先**走吧!

② 今天**先**听写,然后再上课。

2. "然后"、"后来"的区别:

(1) "然后",连词,表示一件事情之后接着发生另一件事情,多用于将来发生的情况。前一个分句中常常有"先、首先",后一个分句中常常有"再、又、还"等。例如:

① 大家**先**吃饭,**然后**再去上课。

② **先**复习十分钟,**然后**再考试。

③ 你**先**说,**然后**我再说。

(2) "后来",名词,表示过去某一时间之后的时间。多用于过去发生的情况。

① 去年春节她给我打过一次电话,**后来**我们就没有联系了。

② 我学过几个月汉语,**后来**由于工作太忙,就停了。

③ 爸爸曾在北京工作过一年,**后来**由于工作需要又回了日本。

(二) 混用连接成分

例句

误：

＊**第一**出台燃油税；**其次**让公共交通更加便捷，让人们使用公共交通设施；**然后**找到石油能源的替代品。

正：

首先出台燃油税；**其次**让公共交通更加便捷，让人们使用公共交通设施；**最后**找到石油能源的替代品。／**第一**出台燃油税；**第二**让公共交通更加便捷，让人们使用公共交通设施；**第三**找到石油能源的替代品。

分析

汉语的"第一"应该与"第二"、"第三"等配合使用，"其次"应该与"首先"、"最后"等配合使用，"然后"一般与"先"配合使用。上例把"第一"和"其次"、"然后"混在一起使用了。要么"第一"改为"首先"，"然后"改为"最后"；要么"其次"改为"第二"、"然后"改为"第三"。

"第一，……；第二，……；第三，……；……"和"首先，……；其次，……；最后，……"都表示叙述的顺序，"其次"和"第二"都表示叙述的第二项，正因为如此，日本学生经常把它们混同起来。

链接

"第一，……；第二，……；第三，……；……"和"首先，……；其次，……；最后，……"的用法：

1. "第一"一般与"第二"、"第三"等搭配使用，形成"第一，……；第二，……；第三，……"这样的说法。例如：

① 今天我谈几点要求：第一，上课不能迟到；第二，一定要预习；第三，要复习；第四，要认真完成作业。

② 我找女朋友有两个条件：第一要漂亮，第二要个儿高。

2. "其次"一般与"首先"、"最后"等搭配使用,形成"首先,……;其次,……;(再次,……;)最后,……"这样的说法。例如:

① 今天我谈几点要求:**首先**,上课不能迟到;**其次**,一定要预习;**再次**,要复习;**最后**,要认真完成作业。

② 我找女朋友有三个条件:**首先**要漂亮,**其次**要个儿高,**最后**要会做饭。

(三) 漏用时间连接成分

例句

误:

① *我第一次听中国人说话的时候,我觉得中国人很恐怖。因为中国人的声音特别大,而且说得很快,听起来好像很生气。不过,我越来越喜欢中国人。我认识的中国人,他们的性格不一样,但是,我觉得他们的共同点是很热情。

② *我从小就很喜欢听音乐和唱歌,高中的时候,我参加了合唱俱乐部。现在,感到有压力的时候,我就去卡拉OK大声唱歌,我就心情舒畅了。

正:

③ 我第一次听中国人说话的时候,我觉得中国人很恐怖。因为中国人的声音特别大,而且说得很快,听起来好像很生气。不过,**现在**我越来越喜欢中国人。我认识的中国人,他们的性格不一样,但是,我觉得他们的共同点是很热情。

④ 我从小就很喜欢听音乐和唱歌,高中的时候,我参加了合唱俱乐部。现在,感到有压力的时候,我就去卡拉OK大声唱歌,**唱完以后**,我就心情舒畅了。

分析

例①的"我觉得中国人很恐怖"和"我越来越喜欢中国人"显然是自

相矛盾的。出现这种情况的原因是,句群中缺少时间连接成分。实际上"我觉得中国人很恐怖"是第一次听中国人说话时的印象,"我越来越喜欢中国人"应该是"现在"的情况,因此该分句前面应该加上时间连接词"现在"。这样处理以后,就不矛盾了。

例②的"我就心情舒畅了"发生的时间不清楚,应在前面加上"唱完以后"之类表示时间的成分。

日本学生出现此种错误,大概与他们片面追求单个分句语法上的正确而忽视分句与分句之间的衔接有很大关系。

链接

篇章中的时间连接成分:

汉语篇章中的时间连接成分分为三种:先时性连接成分、同时性连接成分和后时性连接成分。

1. 先时性连接成分表示某一事件发生在另一事件的前面。这样的连接成分主要有"先、首先、以前、从前、原来、本来、过去、事先、直到现在、直到那时"等。例如:

① **以前**我不太喜欢学汉语,但是来中国以后,我越来越喜欢学习汉语了。

② 我**原来**打算去上海,听说桂林也不错,**所以**就改变了主意,决定去桂林了。

③ 他结婚的事**事先**谁都不知道,昨天他给我们吃喜糖,我们才知道他已经结了婚。

2. 同时性连接成分表示两个或两个以上的事件发生在同一个时间。这样的连接成分主要有"同时、这时、那时、与此同时、另一方面、就在这个时候"等。例如:

① 爸爸跟妈妈离婚以后,不仅要工作,**同时**还得照顾我和弟弟。

② **那时**如果有人能够帮助他一下,他也不至于变成这样。

3. 后时性连接成分表示某一事件发生在另一事件的后面。这样的连接成分主要有"后、以后、后来、此后、随后、随即、接着、接下来、从此以后、马上、立刻、立即、过了一会儿、不一会儿、一会儿以后"等。例如：

① 今天是你第一次迟到,可以原谅,**以后**不许再迟到了。

② 你们先走吧,我**随后**就到。

③ 飞机起飞以后,孩子就开始哭闹,但是**不一会儿**就睡着了。

十、缺少照应词语

例句

误：

① *看电视的优点是有听不懂的地方也没问题,只要能看懂大部分就可以理解。这是(　　)成为学习汉语的一种好方法(　　)。

② *我认为中国人很热情,(　　)是因为我们外国人向中国人打听一些事情的时候,大部分中国人都会告诉我们。

正：

③ 看电视的优点是有听不懂的地方也没问题,只要能看懂大部分就可以理解。这是**(看电视)**成为学习汉语的一种好方法**(的原因)**。

④ 我认为中国人很热情,**(这)** 是因为我们外国人向中国人打听一些事情的时候,大部分中国人都会告诉我们。

分析

例①的"这"指的是"看电视的优点是有听不懂的地方也没问题,只要能看懂大部分就可以理解","这"不可能"成为学习汉语的一种好方法",只能是"成为学习汉语的一种好方法"的"原因",因此"这是成为学习汉语的一种好方法"的后面应该加上"的原因",这样才能与前面两个分句照应起来。另外,"成为"前面还应该补上"看电视"。

汉语中用来指代前面的分句或用来归纳、总结前文的指示代词

"这"一般不能省略。例②的"是因为……"的前面应该加上"这","这"指代的是分句"我认为中国人很热情",没有"这",后一个分句和前一个分句缺乏照应。

日本学生出现例①这种错误,是因为他们常常把注意力放在每个分句的正确与否上,而忽视了各分句之间语义上的联系,所以就会出现这种照应上的问题。

出现例②这种错误,是过度类推的结果。汉语的分句可以承前省略,因此他们以为前文中出现过的成分,后面的分句中都应该省略。该例中的"这"指的是"我认为中国人很热情","我认为中国人很热情"是第一个分句,已经出现了,所以后一个分句中"这"就省略了。

十一、前后话题不连贯

例句

误:

① *黄鹤楼非常有名。古时候到这儿来过许多诗人和文人。**有名的**是崔颢的《黄鹤楼》和李白的《黄鹤楼送孟浩然之广陵》。

② *晓华觉得自己不应该连累小林,所以**晓华和小林的关系**完全断绝了。

正:

③ 黄鹤楼非常有名。古时候到这儿来过许多诗人和文人,他们写过很多关于黄鹤楼的诗文,**有名的**是崔颢的《黄鹤楼》和李白的《黄鹤楼送孟浩然之广陵》。

④ 晓华觉得自己不应该连累小林,所以**她**和小林完全断绝了关系。

分析

例①"古时候到这儿来过许多诗人和文人"说的是"诗人"和"文

人",但后一分句的"有名的"指的却是诗人的作品,前后话题不连贯,"有名的是……"这一分句的前面应该加上"他们写过很多关于黄鹤楼的诗文",这样话题就连贯起来了。

例②前一分句的话题是"晓华",但后一分句的话题却突然改变为"晓华和小林的关系",前后两个分句脱节了,后一分句应改为"她和小林完全断绝了关系",这样话题就一致了。

日本学生出现这种错误,大概与他们没有把前、后分句联系起来考虑,只是片面追求单个分句的正确有一定的关系。

附录　标点符号学习中常见的错误

一、乱用点隔号(.)

例句

误：

① ＊中国经济的发展带来负面影响．正面临第一次能源紧张．

② ＊在中国，油价上涨的影响很深刻．所以应该用政策减少能源消耗．政府应当让公共交通更加便捷，从而吸引人们使用公共交通设施．

正：

③ 中国经济的发展带来负面影响，正面临第一次能源紧张。

④ 在中国，油价上涨的影响很深刻，所以应该用政策减少能源消耗，政府应当让公共交通更加便捷，从而吸引人们使用公共交通设施。

分析

例①两个分句的后面都用了"．"，都是错误的，第一个分句后面的"．"应改为"，"，第二个分句后面的"．"应改为"。"。

例②三个分句的后面都用了"．"，也都是错误的。第一个、第二个分句后面的"．"应改为"，"，最后一个分句后面的"．"应改为"。"。

这种错误的出现，大概有两个原因：一是日本学生以为一句话完了，所以要用句号。二是受英语的影响，汉语的句号相当于英语的"．"，因此他们常常用"．"代替汉语的句号。

链接

点隔号(·)的使用情况：

1. 用在月份和日期，音译的姓和名等之间。例如：

    ① 九·一一事件；3·15消费者权益日

    ② 约翰·列农

2. 用于书名和篇名之间。例如：

    《孟子·梁惠王》

二、误用顿号(、)代替逗号(，)

例句

误：

① ＊当然、陈奂生一再失败、不能飞跃。

② ＊不管怎样、他都要进城、在进城的路上他捡到五元钱。

正：

③ 当然，陈奂生一再失败，不能飞跃。

④ 不管怎样，他都要进城，在进城的路上他捡到五元钱。

分析

"、"用于句子内部并列成分之间较短的停顿，不能用于分句之间的停顿。例①、例②各分句之间都用了"、"，因此不正确，应改为"，"号。

这种错误的出现，是日语影响的结果。日语的"、"相当于汉语的"，"，用于各分句之间，受此影响，他们常用"、"代替"，"。

链接

"、"的使用情况：

用于句中较短的并列词语之间的停顿。例如：

① 爸爸、妈妈、哥哥都会说汉语。

② 衣服、书包都洗了。

③ 我去过北京、上海、天津。

④ 鱼、肉的味道都不错。

三、误用句号(。)代替逗号(,)

例句

误：

① ＊现在中国对进口石油的依赖程度很高。中国的石油消耗量在全球居第二位。所以油价上涨对中国影响很大。

② ＊中国目前遇到第一次能源紧张。这主要原因是汽车行业的消耗。

③ ＊以前他很老实。不善于讲话。他非常羡慕别人老有那么多有趣的事可讲。

正：

④ 现在中国对进口石油的依赖程度很高，中国的石油消耗量在全球居第二位，所以油价上涨对中国影响很大。

⑤ 中国目前遇到第一次能源紧张，这主要原因是汽车行业的消耗。

⑥ 以前他很老实，不善于讲话，他非常羡慕别人老有那么多有趣的事可讲。

分析

例①的第一个分句、第二个分句后面都用了"。"，显然不正确，应改为","。例②第一个分句后面用了"。"，也不正确，也应改为","。例③第一个分句、第二个分句后面也都用了"。"，同样不正确，都应改为","。

日本学生出现这种错误，大概是以为一句话完了。像例①的"现在中国对进口石油的依赖程度很高"、"中国的石油消耗量在全球居第二位",孤立地看都是陈述句,而且都表达一个完整的意思,都应该用句号。但是由于最后一个分句前面有"所以",因此这两个句子就成了两个分句,所以后面应该用逗号。例②、例③误用句号代替逗号,情况与例①类似。

链接

"。"的使用情况:

表示陈述句完了之后的停顿。例如:

① 昨天吃完饭以后我们就去看电影了。

② 天气冷,你多穿点衣服比较好。

③ 上次考试成绩不太好,这次考得不错。

四、误用"「 」"代替引号("")

例句

误:

① *老师说:「这次没考好没关系,下次再努力!」

② *电视上说:「今年冬天是历史上最暖和的一个冬天。」

正:

③ 老师说:"这次没考好没关系,下次再努力!"

④ 电视上说:"今年冬天是历史上最暖和的一个冬天。"

分析

直接引用别人说的话应该用双引号。例①、例②的"「 」"都是错误的,应改为双引号。

日本学生出现这种错误,显然是受日语影响的结果。日语直接引用别人说的话用"「 」",所以他们经常用"「 」"代替汉语的双引号。

链接

引号("")使用情况：

1. 表示文中引用的部分。例如：

    ① 爸爸说："不学好汉语,你不要回国！"

    ② 孟子说："三人行,必有我师焉！"

    ③ 俗话说："三个臭皮匠,顶一个诸葛亮。"

2. 标明反面、否定、讽刺的词语。例如：

    ① 我宁可不要这种"自由"！

    ② 这样的"朋友"还是少交点比较好。

3. 标明着重强调的对象。例如：

    ① 世界上怕就怕"认真"二字。

    ② "三人行,必有我师焉"中的"行"是什么意思？

    ③ "冰棍儿"有的地方叫"棒冰"。

4. 标明象声词、简称以及表示节日、重大事件的数字。例如：

    ① "咚咚咚",门外传来了急促的敲门声。

    ② "十一"我去旅游。

    ③ 你知道"七七"事变吗？

五、漏用冒号（:）

例句

误：

① *他说"可以,我们明天一起去吧！"

② *母亲在信上写道"我的冤案已经昭雪了。"

③ *所以他说"你应该休息,给你一个房间。"

正：

④ 他说："可以,我们明天一起去吧！"

⑤ 母亲在信上**写道**:"我的冤案已经昭雪了。"

⑥ 所以他**说**:"你应该休息,给你一个房间。"

分析

汉语直接引语前面的动词后面一定要用":"。例①的"说"、例②的"写道"、例③的"说"后面没有":",都应加上。

日本学生出现这种错误,也是受日语影响的结果。日语直接引语前面的动词后面不用":",正因为如此,他们在使用汉语时常忘了在直接引语前面的动词后面用上冒号。

链接

冒号的使用情况:

1. 用在书信、发言稿开头的称呼后面。例如:

女士们,先生们:

大家好!

2. 用在总括语后面,让读者注意下文将要分项来说。例如:

① 下面我要谈三点要求:一是要预习,二是要复习,三是要认真完成作业。

② 不抽烟有三点好处:健康、省钱、卫生。

3. 用在引语的前面,表示后面是引语。例如:

① 俗话说:"跑了和尚,跑不了庙。"

② 他在信中写道:"最近工作很忙,压力也很大。"

六、误用双引号("")

例句

误:

① ＊中国目前遇到"第一次能源紧张"。

② ＊我吃过"饺子"、"烤鸭"。

正：

③ 中国目前遇到第一次能源紧张。

④ 我吃过饺子、烤鸭。

分析

例①的"第一次能源紧张"、例②的"饺子"、"烤鸭"上的双引号都应该删去。

日本学生出现这种错误，大概跟不清楚双引号的使用情况有关系。

七、误用"『 』"代替书名号(《 》)

例句

误：

① *『夏天的院子』是以小孩子为对象的。

② *『夜和雾』这本书的某些内容血腥味很浓。

正：

③《夏天的院子》是以小孩子为对象的。

④《夜和雾》这本书的某些内容血腥味很浓。

分析

汉语的书名号是"《 》"。例①的"夏天的院子"、例②的"夜和雾"都是书名，但却用了"『 』"，显然是错误的，"『 』"应改为"《 》"。

日本学生出现这种错误，是受日语影响的结果。日语的书名号是"『 』"，所以他们常常用"『 』"代替汉语的书名号。

主要参考文献

程美珍	1997	《汉语病句辨析九百例》,华语教学出版社。
崔应贤等	2002	《现代汉语定语的语序认知研究》,中国社会科学出版社。
房玉清	2001	《实用汉语语法(修订本)》,北京大学出版社。
宫本幸子	1992	《日本人学习"还"、"再"、"又"》,《第四届国际汉语教学讨论会论文选》,北京大学出版社。
———	2000	《日本学生学习汉语常见的表达错误》,《汉语学习》第8期。
黄伯荣等	1985	《现代汉语》,甘肃人民出版社。
金裕雪	1984	《yaru、kureru、mou 与汉语"给"字的语法对比》,《延边大学学报》第2期。
来思平等	1993	《日本人的中国语误用例54例》,东方书店。
雷素娟	1989	《日本学生学习汉语常易出现的错误》,《外语学刊》第4期。
李德津等	1988	《外国人实用汉语语法》,华语教学出版社。
李晓琪	2005	《现代汉语虚词讲义》,北京大学出版社。
刘月华	2004	《实用现代汉语语法(增订本)》,商务印书馆。
陆俭明等	1985	《现代汉语虚词散论》,北京大学出版社。
陆俭明	1993	《现代汉语句法论》,商务印书馆。
吕叔湘	1991	《现代汉语八百词》,商务印书馆。

彭小川等	2004	《对外汉语教学语法释疑201例》,商务印书馆。
秦礼君	1987	《汉日主语病句》,《日语学习与研究》第3期。
钱乃荣	1995	《汉语语言学》,北京语言学院出版社。
吴丽君等	2002	《日本学生汉语习得偏误研究》,中国社会科学出版社。
相原茂等	1991	《中国语学习Q&A101》,大修馆书店。
荀春生	1988	《关于"了"和日语"タ"形的非等值性》,《第二届国际汉语教学讨论会论文选》,北京语言学院出版社。
杨从洁	1988	《不定量词"点"以及"一点""有点"的用法》,《语言教学与研究》第3期。
叶盼云等	1999	《外国人学汉语难点释疑》,北京语言大学出版社。
舆水优	1995	《日本学生学汉语语法》,《第四届国际汉语教学讨论会论文选》,北京语言学院出版社。
———	1997	《日本学生学汉语——兼谈谓词性主语》,《第五届国际汉语教学讨论会论文选》,北京大学出版社。
袁毓林	1993	《现代汉语祈使句研究》,北京大学出版社。
张起旺等	1999	《汉外语言对比与偏误分析论文集》,北京大学出版社。

后　记

　　笔者从事对外汉语教学已二十余年,曾两度应邀赴日本执教。在长期对外汉语教学中,发现日本学生经常出现这样或那样的错误,在对这些错误进行解释或说明的时候,虽然有不少资料可供借鉴,但是有时也苦于找不到现成的答案,有力不从心之感。有鉴于此,笔者很早就萌发了一种想法:能不能把日本学生学习汉语时经常出现的错误收集起来,加以归类,分析错误产生的根源?倘若如此,不仅能够让学生知道自己出现错误的原因,使得他们在学习汉语时少出现或不出现问题,而且教师遇到这些问题时,也能够迅速找到问题的答案,省却翻阅资料之苦,节省大量的时间和精力。更重要的是,教师能够比较准确地告诉学生问题的症结所在,真正做到有的放矢,从而提高教学效率和效果。正是出于这种目的,若干年前,笔者就开始着手收集日本学生学习汉语时经常出现的错误,并对这些错误进行大致的归类和整理。经过几年的积累,例证已相当丰富,于是就有了写成一部书稿的愿望。

　　2005年春回国探亲期间,笔者有幸参加了商务印书馆世界汉语教学研究中心的座谈会,会后把自己的这种想法跟商务印书馆总经理助理、汉语编辑室主任周洪波先生进行了沟通,周主任当即表示很有兴趣,并让笔者起草一个写作提纲。在结束休假、返回日本之前,商务印书馆还特意邀请王建勤教授、崔永华教授等专家对选题进行了讨论,与会专家也对该选题给予了充分的肯定,并提出了一些宝贵的意见。受此鼓舞,返回日本后,笔者就开始着手写作,一年多后,就有了这部书稿。

本书能够得以出版,归功于商务印书馆的大力支持和帮助。周洪波编审从选题到具体写作方案,事必躬亲。十分荣幸的是,陆俭明教授在百忙之中审阅了本书的写作大纲,使得本书的写作能够朝着正确的方向进行。初稿完成后,马真教授、程国富教授拨冗审读了全稿,并提出了不少具体的意见和建议。修改过程中,袁舫女士也提出了一些很好的建议。鲁健骥教授拨冗为本书作序,给本书增色不少。为了保证例证的准确性,笔者曾向同事做过一些问询或求证,王顺洪教授审校了日语翻译。研究生崔彩霞对日语翻译做了一些校对工作。在此,一并表示诚挚的感谢!

杨德峰

2008.3.5